JN410090

들꽃도 숲을 이룬다

구영례 수필집

교음사

곶감을 만드는 과정처럼

제3수필집 『들꽃도 숲을 이룬다』를 상재합니다.

좋은 수필을 쓰려면 삶 속에서 자기성찰과 깊은 사고력이 수반되어야 하건만, 여전히 좁은 시야에서 벗어나지 못하여 부끄럽습니다.

글을 쓰면서부터 사물의 관점을 다양하게 볼 수 있어서 좌우로 치우치지 않고 올바른 의식을 갖도록 노력해왔습니다.

수필을 통해서 가야할 길을 찾았고 인생을 바르게 배울 수 있었기에 감사합니다.

중국 명나라 원중랑은 감 껍질을 벗겨야 곶감을 만들듯 좋은 글은 문장기(文章氣)를 벗겨내라고 하였습니다. 그런 후에 잘 말리고 손질하여 당분이 응축된 하얀 시설이 앉아야 곶감 형태를 만들어 갑니다.

좋은 수필은 떫은맛에서 단맛으로 환골탈퇴(換骨

脫胎)하는 곶감처럼 기존의 형식에서 벗어나야 합니다. 그러나 수필을 쓸수록 어려운 것은 글 속에 작가의 사상, 인품, 성찰이 녹아있는 논픽션이기 때문입니다.

앞으로는 감성에 너무 치우치지 않고 서정과 지성을 겸비하도록 더욱 노력하면서, 사회적 소명의식을 갖고 진실을 추구하는 생명력 있는 글을 쓰도록 제 시야를 더욱 넓혀갈 것입니다.

오지 산골소녀가 꿈꾸었던 문학이라는 미지의 세계를 향해 달려왔습니다. 만삭되지 못한 자를 들꽃 같은 존재로 피어나도록 인도하신 하나님께 감사드립니다.

수필집 출간을 위해 애써주신 교음사 출판부에 귀한 손길들, 내 삶의 의미가 되는 사랑하는 가족들, 문학이란 푸른 숲길을 함께 동행해온 문우들과 독자들께 주의 평강이 항상 임하시길 기원 드립니다.

2017년 11월 광명 도덕산기슭 자택에서 저자 구영례

1_모기의 변명

2_ 들꽃도 숲을 이룬다

3_ 달그림자 깨우기

4 _ 피카소를 만나다

1

모기의 변명

모기의 괴변은 제법 구구절절 그럴 듯해도 비겁한 변명일 뿐이다. 녀석들의 생존수단은 갈수록 인간에게 해악을 끼치는 변칙적인 바이러스를 품고 있어서 문제성이 아주 심각하다.

뚝배기의 카리스마

뚝배기는 한국인 시선을 끄는 카리스마가 있다.

밥상 한가운데를 당당하게 차지하건만 도통 얄밉지가 않다.

산해진미 다른 반찬들이 침샘을 자극하며 유혹할지라도 녀석에게 눈길이 가장 먼저 간다.

그는 오직 밥상에 빙 둘러앉은 가족들에게 찌개의 비등점 보전을 위해 안간힘을 쏟는다. 뚝배기의 제 소임을 다하기 위한 가상한 정성이야말로 우리들이 본 받을 만한 일이다.

녀석의 성미는 냄비처럼 빨리 끓지 못해도 일단 뜨거워지면 온기를 오랫동안 유지한다. 그래서

연인들의 사랑방식은 냄비보다 뚝배기처럼 은근한 가열이 필요한 것이다.

어디 그 뿐이랴. 불 위에 제 몸을 무조건 내맡기고 최후의 순간까지 살신성인은 가히 칭찬받아 마땅하다. 나라를 위해 제 몸을 초개처럼 버린 우국충절의 심정이 아니면 가당하겠는가.

우리들 중에 뚝배기처럼 남을 위해 이타적으로 한번이라도 펄펄 끓어봤던가. 타인을 이해타산 없이 따뜻한 온기로 오랫동안 품어봤는지. 눈을 감고 곰곰이 생각해봐도 이기심의 저울질이 먼저였기에 부끄러울 뿐이다.

예로부터 뚝배기보다 장맛이라고 겉모양은 보잘 것 없으나 내용은 훨씬 훌륭함을 이르는 말로 쓰인다. 제 본분에 최선을 다하는 속이 꽉 찬 옹골진 사람을 칭하는 미덕이다.

된장찌개는 뚝배기에서 끓어야만 제대로 된 맛이 난다는 것을 한국인이라면 모두가 아는 사실이다. 뚝배기 외에 다른 그릇들을 사용해 보면 장맛이 별로 신통치 않는데 당연히 "장맛은 뚝배기 덕분이다"라고 해야 옳지 않겠는가.

아들이 군복무 중에 첫 휴가를 나왔는데 가장 먹고 싶었던 것은 엄마표 된장찌개라고 하였다. 보글보글 끓는 한 뚝배기를 '게 눈 감추듯' 맛있게 먹던 모습이 눈에 선하다.

오지그릇 종류에는 독, 항아리, 자배기, 동이, 옹배기, 뚝배기, 화로, 단지, 약탕관, 요강 등이 있다. 뚝배기의 원료는 고령토와 황토로 원적외선을 함유하고 있어 내열성이 매우 강하고, 1300도 이상에서 12시간 정도 구워서 완성시킨다.

뚝배기는 흑갈색으로 잿물을 입히지 않아서 겉은 투박하지만 속은 매끄럽다. 각 지역에 따라서 툭배기, 툭수리, 툭박이, 투가리, 둑수리, 아주 작은 것을 알뚝배기라고 일컫는다.

용도는 찌개, 지짐이. 조림 등으로 많이 애용한다. 유래는 기원전 8천 년경 한반도에 신석기 즐문토기에서 청동기시대 무문토기의 공정이 거의 그대로 이어졌다고 한다.

고려 말 이달충의 시에 "질뚝배기에 들고 오는 허연 막걸리"라는 구절이 있다. 당시에 서민들이 뚝배기그릇을 평소에 많이 애용한 사실을 확인하였다.

그릇은 동서양을 막론하고 시대상 계급적 위상에 따라서 사용하는 용도가 다르다. 동양은 중국의 도자기와 고려청자, 이조백자가 최상이고 오지와 사기그릇은 서민들의 애용품이었다.

이외에도 백자, 골회를 섞어 만든 혼합 경질자기 본차이나, 금, 은, 놋, 유리, 나무, 돌, 스텐레스, 플레스틱 등의 재료로 만든 그릇들이 다양하다.

좋은 그릇에 천하진미가 가득 담겼을지라도 제 입맛에 맞지 않으면 무슨 소용이 있겠는가. 뚝배기에 달래·냉이를 넣고 보글보글 한소끔 끓인 장맛은 언제 먹어도 입맛을 당긴다.

질그릇이 도공의 손길로 빚어졌듯이 우리들은 창조주에 의해 흙으로 빚어진 연약한 그릇이다. 각자에게 맡겨진 소임이 다를지라도 뚝배기처럼 따뜻한 인정을 품고서 살아갈 수는 없을까.

(『수필문학』. 2013. 7월호)

모기의 변명

불청객들로 인해서 밤잠을 설쳤다.

그들은 남의 집에 무단 침입하여 도통 나갈 생각을 않는다.

불청객들의 행적은 신출귀몰하게도 15층에 있는 우리 집에 바람과 엘리베이터를 타고 올라와 잠입하였다. 도대체 심증만 있고 흔적이 없으니 난감하다.

손자들이 휴일에 모처럼 놀러 와서 하루 밤을 보내고 아침에 일어났다. 어린 것들의 여린 살갗이 뭣에 물려 벌겋게 부어올라서 화가 치밀어 올랐다.

"에구머니나. 정말 못된 것들, 차라리 나를 물어뜯을 일이지. 글쎄 어린 내 새끼들이 무슨 죄가 있다고 온 몸을 물어뜯어 이토록 밤송이를 만들었단 말인가. 쯧쯧쯧…."

범인은 바로 여름철에 어김없이 찾아오는 모기의 소행이었다. 이 녀석들은 부모님께서 여름밤이면 옛 고향 마당에서 피운 모깃불에 쫓겨 가던 녀석들의 후손일 것이다.

나는 어제 밤에도 졸지에 그들에게 숙식제공은 물론 시도 때도 없이 귓가에서 앵앵거리는 소리에 내 얼굴을 아픈 줄도 모르고 잠결에 여러 번을 쳤다. 나로서는 화가 나지만 이들의 생존본능의 잔머리를 도저히 따라잡을 수가 없다.

요즘에는 겨울철에도 따뜻한 실내온도 속에서 터전을 잡은 녀석들에게 괴롭힘을 당한다. 녀석들이 얼마나 뜰겠나 싶다가도 밤새 잠 고문을 당하다보면 그만 피가 솟구친다.

모기는 피를 도둑질하기 전에 피의 응고를 막기 위해 사람의 살갗에 침을 뱉는다. 히루딘이란 타액은 몹시 가렵고 흡혈 과정에서 인간에게 나쁜 병원균을 옮겨서 생명을 위협한다.

모기감염에 의한 지카 바이러스는 신생아 소두증 연관성 때문에 임신부의 감염에 세계적 관심으로 떠올랐는데, 이것은 뎅

기열, 치쿤구니야열을 유발하는 바이러스와 동일한 플라비바이러스(flavivirus)계열이다.

2016년에 브라질 리오 하계올림픽이 개최되었는데 지카바이러스 문제로 많은 운동선수들이 감염을 우려하여 출전권을 포기하는 등 전 세계가 온통 떠들썩했었다.

지카 바이러스는 1947년에 우간다 지카(Zika) 숲에서 붉은털원숭이에게서 최초로 발견되어 아프리카와 동남아시아에서 자생한 질병이었다. 2015년에는 중남미국가에서 많은 감염이 되어 전 세계 58개국으로 퍼져나갔고, 현재 약 150만 명이 감염된 것으로 알려졌는데 국내에서도 매개체인 흰줄숲모기가 발견되었다.

어린아이들과 애견은 모기에게 절대로 물리지 않도록 해야 한다. 특히 개는 모기에게 물리면 기생충이 혈관을 타고서 심장까지 침범하는 심장사상충에 감염되므로 매우 위험하다.

모기는 세계에서 약 3,000종으로 수컷은 식물의 즙만을 먹지만 암컷은 알의 성숙을 위해 동물혈액 속에 단백질을 필요로 한다. 모기들은 사람에게 황열병·말라리아·사상충증·뎅기열·뇌염 등의 병들을 옮기고 생명까지도 위협한다.

모기의 시력은 약하지만 냄새는 잘 맡아 우리의 몸에서 나는 젖산과 이산화탄소를 좋아하여 젖산분비가 활발한 아기들을 더 공격한다. 모기는 해충퇴치에 사용되는 화학물질보다 토마토의 토마틴 성분을 매우 싫어하여 큰 효과가 있다고 한다.

올해에는 폭염에 모기들을 구경하기조차 힘들어서 웬일로 씨가 말랐나싶었는데, 모기의 입이 삐뚤어진다는 처서가 지났지만 사라지기는커녕 더욱 기세등등하다.

예로부터 인간들을 괴롭히는 모기들에 대한 우리 조상들의 해학이 아래와 같이 전해온다.

처서에 창을 든 모기와 톱을 든 귀뚜라미가 길을 가다가 마주쳤다. 모기의 입이 귀밑까지 찢어진 것을 보고 귀뚜라미가 깜짝 놀라서 사연을 묻자 모기는 다음과 같은 말을 건넸다.

"글쎄, 내가 한 밤중에 인간들의 귀밑을 앵앵거리며 날아가니 그들이 날 잡는답시고, 제 볼때기와 허벅지를 손바닥으로 아프도록 치는 걸 보고 너무 우스워서 내 입이 그만 이렇게 찢어졌다네."라고 대답하고는 귀뚜라미에게 톱을 가진 이유를 물었다.

"귀뚜라미, 자네는 사색에 잠기는 이 좋은 계절에 톱을 뭣에 쓰려고 어깨에 메고 가느냐."고 묻자 귀뚜라미가 이렇게 응대를 하였다.

"으응, 이 톱으로 길고 긴 가을밤에 독수공방 임 기다리는 처자낭군의 애간장을 끊으려고 가져간다네."라고 하더란다.

가을이 돌아오면 귀뚜라미의 감성을 자극하는 애절한 연주로 인해 사람들이 깊은 사색에 빠진다. 모기와 귀뚜라미를 살펴보면 살아가는 모습이 참으로 대조적이다. 모기는 인간에게 해악을 끼쳐서 없애려는 존재인데 귀뚜라미는 사람들의 심성을 아름답게 감상에 젖어들게 한다.

우리들도 남에게 해를 끼치는 사람들이 있는 반면에 사회와 이웃을 위해서 봉사하고 배려하는 이타적인 사람들이 더 많기에 우리 사회가 정의롭게 세워져 가고 있지 않은가 싶다.

어제 밤에도 모기들의 무단침입으로 우리 부부는 비몽사몽 밤잠을 설치며 교대로 그들과 숨바꼭질 혈투를 벌였다. 게릴라 작전을 펼치며 왜 그리도 괴롭히는지 내 팔뚝에 앉은 모기에게 큰소리로 말을 한번 건넸다.

"네 이놈 모기야, 남들은 열심히 피땀 흘려서 살아가는데 너는 어찌하여 어둠을 틈타서 인간들에게 인정사정없이 달려들어 피를 탈취하는가?"라고 외쳤다. 양심은 좀 있는지 고개 숙인 모기 왈,

> "나는 입이 열 개라도 할 말이 없습니다만 당신과 아무런 원한이 없소. 나는 인간들의 비난 속에서 살지만 날 욕하지 마시오. 내가 당신의 피를 몇 방울 뽑는 것은 내 알들에게 양분을

공급하기 위한 피치 못할 사정 때문이오.

인간들 중에는 자신의 욕망을 위해서 고난을 함께 하며 다짐했던 신의를 헌 신발 버리듯 배신하고 화평보다는 대적하길 밥 먹듯이 하면서, 자신의 합리화를 위해 무고한 사람을 등 뒤에서 끝없이 헐뜯지 않나요?

제 말이 우습게 들릴지 몰라도 인간 심성이 그토록 부패한 나쁜 자들에 비한다면 내가 당신들의 피 몇 방울 빼앗는 죄는 얄미운 애교에 불과하지 않겠습니까?

수컷 모기들은 평생을 이슬과 나무수액을 빨아먹으며 신선처럼 살아가는 반면에 우리 암컷들만 산란기에 목숨을 걸고 당신의 피를 채혈한다오. 우리 몸의 구조가 종족번식을 위해 당신들을 괴롭히며 살아가는 처지가 너무나도 기구하지만 어쩔 도리가 없소이다.

현대사회에 와서 우리 모기들의 종족 증가로 당신들을 더욱 괴롭게 하여 매우 미안하오. 예전에는 우리 아이들 장구벌레의 천적인 각종 물고기 등에 의해 우리 종족들의 개체수가 조절이 되었지요.

그러나 근래에 와서는 당신들의 탐욕으로 각종 개발과 공업화로 자연생태계가 오염되어 모기의 천적이 점점 사라져서 우리의 개체수가 비정상적으로 급증하였단 말입니다. 이뿐만 아니라 지구온난화와 환경오염도 우리들의 개체수 증가를 한몫 거든다오. 그러니 낸들 어찌하오리까?"

라고 더욱 까칠해져서 내게 반문하며 대들었다.

모기의 괴변은 제법 구구절절 그럴 듯해도 비겁한 변명일 뿐이다. 녀석들의 생존수단은 갈수록 인간에게 해악을 끼치는 변칙적인 바이러스를 품고 있어서 문제성이 아주 심각하다.

전 세계적으로 수많은 모기군단과 인간의 평화협상은 한반도 통일보다도 더 불가능하겠다. 고로 생존지능이 탁월한 녀석들과 한여름 밤의 투쟁은 끝없이 계속될 것이다.

어느 날, 지하철 속에서 앞사람의 뒷덜미에 붙었던 모기 녀석이 요리조리 잘도 피하면서 날아다녔다. 잠시 후에 지하철의 개찰구를 빠져나오는데 녀석은 어느 틈에 나와서 풀숲으로 유유히 사라지고 있었다.

(『수필문학추천작가회 연간사화집』 2017, 제27호)

닭은 울어야 한다

여명이 밝아오는 무렵에 우리 아파트 아래층에서 닭의 울음소리가 우렁차게 들려왔다.

사연인즉슨, 이웃형님은 지난해 봄에 어린 손자가 조르는 바람에 길에서 팔고 있는 병아리를 사다가 키우게 되었다.

닭은 성장하여 새벽부터 어김없이 목을 곧추세우고 "꼬끼오!"를 목청껏 울어댄다. 그런 탓에 형님은 이웃들의 새벽잠을 깨워서 너무 미안하여 앞으로 큰일이라고 걱정이 태산 같다.

수탉이 새벽에 우는 것을 제 사명인 양 목청껏 울 때마다 입을 틀어막을 수도 없는 난감한 노릇이다. 형님은 이에 말릴 수 있는 좋은 방도가 없냐며 이웃들에게 하소연하자 앞집에 사는 여자가 우스갯소리로 입을 열었다.

"아하, 해결방법이 딱 하나 있네요. 저녁에 가족들과 삼계탕이나 닭볶음탕을 해서 저녁상에 올려놓으면 참 좋겠네요."라고 했다.

그 말에 형님은 손을 내어 저으며 질색을 하면서 어린 손자가 닭을 얼마나 애지중지하는데 안 될 말이란다.

그야 백번 지당하신 말씀이다. 정을 쏟아서 키운 생명을 귀찮다고 어떻게 하루아침에 없앨 수가 있겠는가. 살아있는 개체를 키우다보면 대상이 미물일지라도 가족이라고 하자 이웃할머니가 다시 대책이라며 한마디를 거들었다.

"그러면 너무 시끄럽게 짖어대는 강아지들은 동물병원에서 성대수술을 한다는데 그 닭도 성대수술을 해주면 어떻겠나?"라고 하자 형님이 이렇게 응대했다.

"동물병원에서 개는 성대수술을 해준다는 이야기를 들었지만 닭의 성대수술을 한다는 소리는 금시초문이구먼요." 가능성이 전혀 없다는 형님의 표정에 내가 한마디를 건넸다.

"형님, 닭의 목소리를 빼앗는 것은 목숨을 빼앗는 거예요. 차라리 형님이 전원생활을 하면 저 녀석이 실컷 울도록 해주세요.

아파트 생활보다 흙을 헤쳐서 지렁이도 잡아먹고 풀도 뜯어 먹으면 얼마나 행복하겠어요. 암탉 몇 마리 사다가 곁에 풀어주면 유정란도 낳아줘서 영양가 최고겠네요."라고 말해줬다.

형님은 고향에 집이 비어있기는 한데 한번 생각을 해봐야겠다고 한다. 문득 현재 우리나라 닭의 34%가 이번 겨울철에 조류독감으로 살처분 되어 사라진 때에 이웃집에서 살아가는 수탉이 참 행복한 녀석이라는 생각을 하였다.

닭은 우리 인간들을 위하여 세상에 수많은 동물들 중에서 가장 많이 희생되는 가금류로 한국에서만 연간 10억 마리 이상이 도축된다고 한다.

닭은 꿩과에 속하고 약 3,000~4,000년 전에 인도·말레이시아·미얀마 등지에서 사육하였고, 닭의 조상은 붉은멧닭 · 회색멧닭 · 실론멧닭 등이 있다. 닭은 인도·미얀마·말레이시아의 숲에 사는 멧닭을 길들인 것이라고 한다.

닭은 오래전부터 가금류로 길러져서 인간을 위해서 고기와 계란으로 영양을 보충해주느라 희생하고 있다. 이뿐만 아니라 닭에게 배우는 다섯 가지 미덕으로 한나라 한영의 한시외전에 나오는 계유오덕(鷄有五德)이 있다.

첫째, 머리에 관(冠)을 써서 문(文)이요.
둘째, 다리에 며느리발톱(距)을 가져서 무(武)요.
셋째, 적을 만나면 싸움을 하고(敢鬪) 안 물러서는 용(勇)이요.
넷째, 먹이를 보고 동료를 불러서(相呼) 나눔으로 인(仁)이요.
다섯째, 밤을 지켜 때를 놓치지 않고(時) 알리니 신(信)이요.

이밖에도 닭의 언어로 자신의 신세를 가사체로 한탄하며 노래한 전북 고창·부안지역에서 채록한 민요가 전해온다. 닭의 생활상과 약자 입장에서 생사를 넘나들며 애타는 심사를 의인화한 익살스런 닭 타령을 듣노라면 애잔하여 심금을 울린다.

주먹같은 옥관자/ 양 귀 밑에 넌짓 붙여/ 초록 비단 접저구리/ 대홍 대단 놋단 치매/ 지하어를 내려오니/ 줄줄이 주는 모시/ 낱낱이 주워 먹고/ 이달에는 알을 낳고/ 저달에는 새끼 깬다/ 채전밭에 들어가니/ 쥔아씨 허는 소리 들어보소/ 원수로다 원수로다/ 원수라고 책을 매세/ 그리 마소 그리 마소/ 자네 집이 손이 오먼/ 요내 자식 잡어갖고/ 요모조모 좇아갖고/ 음지 양지 끓는 소리/ 일촌 간쟁이 다 녹네/ 자네 자식 빙이 나믄/ 내 자식이 액일세/ 두 다리를 발발 떰서/ 요내 모가지 비틀어/ 오가리어 잡아갖고/ 음지 양지 끓는 리/ 일촌 간쟁이 다 녹네.

KBS TV 환경스페셜에서 방영했던 동물농장프로 '산란기계 닭'편을 시청하였다. 그런데 양계장의 닭들은 배터리케이지로 불리는 A4용지보다 좁은 공간의 열악한 환경 속에 사육되는 것을 보면서 놀라움을 금치 못했다.

아이들이 평생을 그 좁은 곳에 갇혀서 살아가려면 많은 스트레스를 받으련만, 과연 인간들을 위해서 식품으로 활용하면 우리의 몸을 건강하게 도와줄 것인가.

현재 대부분의 닭들은 공장형 농장에서 육용종과 난용종으로 대량사육하고 있었다. 이뿐 아니라 그중에는 항생제를 비롯하여 성장촉진제를 먹여가며 인위적으로 성장시켜 고기와 달걀을 대량생산하는 실태는 너무나도 참혹했다.

가축들에게 살아갈 수 있는 기본적인 환경을 전혀 주지 않고 오직 상품으로만 대량생산하려고 열악하게 사육하는 일은 생명경시라고 본다. 창조주께서 인간에게 '땅 위에 생육하고 번성하여 만물을 지배하라' 하셨을지라도 동물을 그토록 학대하는 것은 결코 옳지 않다.

생명에 대한 동물권이나 동물복지를 고려하고 우리 국민들의 건강을 위해서 공장형 축산사육에 대한 시스템을 서둘러서 자연친화적으로 개선해야한다. 선진국처럼 국가적인 차원에서 시급하게 재고(再考) 해야 할 문제라고 본다.

정유년 새해를 맞이했지만 조류인플루엔자(AI)로 인하여 닭 3천만 마리가 안타깝게도 살처분 매몰되었는데, 이는 우리 인류에게 주는 자연의 경고가 아니겠는가.

조류독감 인플루엔자 고병원성 바이러스는 인간에게 옮겨지면 변이를 거쳐 변종 바이러스로 진행할 경우 사망에 이른다고 하니 오싹한 두려움을 떨쳐낼 수가 없다.

수탉들은 빛을 인식하는 감각이 발달하여 빛과 어둠의 경계를 긋는 자명종 역할을 한다. 닭의 사명은 새벽부터 힘차게 울어야 하는 것이다.

옛 고향집 마당에서 수탉들이 늠름하게 활보하며 우렁차게 울었다. 내 유년의 추억을 쫓아 암탉의 품속에서 조는 노랑병아리들처럼 아늑한 평화가 그립기만 하다.

(『월간문학』 2017. 4.)

달개비꽃은 눕지 않는다

산기슭에 수많은 들풀들 사이에서 고향집 토담 아래에 피어나던 하늘빛 달개비꽃을 만났다. 오랜만에 그리운 친구를 재회하듯이 반가웠다.

달개비꽃의 학명은(*Commelina communis L*) 닭의장풀과에 속하고, 닭의밑씻개, 닭기씻개비, 닭의꼬꼬, 닭의발씻개, 계거초, 계정초, 번루 등으로도 불린다.

달개비꽃이 아침에 피었다 해가 뜨면 한순간에 시들어버려서 나온 연유로 꽃말은, '짧았던 그리움', '소야곡', '순간의 즐거움' 등으로 아쉬움을 표현한다.

달개비꽃은 다양한 이름만큼 관상용, 식용, 약용으로 쓰인다. 꽃의 향기도 은은하게 풍기고 어린잎과 줄기는 물론 꽃도 맛이 좋아 나물로도 먹는다. 개화 전에 전초를 채취하여 건조하여 물에 끓여서 복용하면 당뇨병 치료에 효과가 탁월하고 생잎의 즙을 화상에도 사용한다.

분포도는 한국, 일본, 사할린, 중국, 우수리 강 유역, 사할린, 북아메리카 등이며 달개비꽃은 파란색 염료로 사용되고 있다. 꽃은 하늘빛 청색으로 7~8월 사이에 꽃이 피어나기 시작한다.

우리주변에서 가장 흔히 볼 수 있는 한해살이 들풀로 형태는 대나무처럼 생긴 마디마디에 뿌리가 있고 잡초들 중에서 가장 생명력이 강인하다.

달개비꽃의 키는 15~50㎝로 넘어질 듯이 비스듬하게 자라지만 땅위에는 절대 눕지 않는다. 줄기마디 부분을 잘라서 물에 꽂으면 금세 뿌리를 내려서 잘 자란다.

당나라 시인 두보는 달개비꽃을 일컬어 '꽃이 피는 대나무'라고 수반에 꽂아 놓고, 날마다 바라보며 감상을 했다고 한다. 화가들이 달개비꽃을 소재로 수묵화와 수채화를 즐겨 그린다.

달개비꽃은 고향집에 닭장부근이나 응달진 곳에서 잘 자랐다. 꽃잎의 모양이 닭 벼슬을 닮아서 달개비라고 하며 서양에서는 '데이플라워(Day flower)'라고 한다. 꽃잎이 오리발을 닮아

압각초(鴨脚草)라 하고, 잎이 대나무처럼 마디를 가졌다고 죽절채(竹節菜), 꽃잎이 푸르다고 남화초, 벽선화로도 불린다.

달개비꽃의 염색이 잘 빠져버리는 성질을 이용해서 책· 문서에 비점(批點)을 찍을 때와 호염(糊染)할 때 쓰이는 청화지 제작에 많이 사용되었다.

달개비꽃에는 슬픈 전설이 전해온다. 어느 마을에 두 남자가 자나 깨나 내기에 몰두를 하였는데, 승부가 나질 않자 급기야는 끔찍한 내기를 하게 되었다. 마을 뒤편의 절벽에서 바닷물 속으로 뛰어들어 누가 오래 버티는지 내기를 한 것이다.

두 남자는 아내들의 간곡한 만류도 뿌리친 채 절벽 아래로 뛰어내렸다. 아내들은 남편이 살아올라오길 오랫동안 애간장을 태우며 기다리다가 숨을 거두었고, 그 절벽 위에는 바다색을 닮은 달개비꽃이 피어났다고 한다.

달개비꽃을 가만히 바라보고 있으면 파랑나비가 에메랄드빛 양탄자 위를 팔랑거리며 날아가는 듯하고, 풀잎들 사이에 작은 호수가 군데군데 고여 있는 듯하다.

꽃잎은 두 손 모아 기도하는 소녀의 청초한 자태인 양 다소곳하고, 두 개의 하얀 긴 꽃술은 코끼리 상아처럼 보여서 볼수록 신비롭고 매혹적이다.

달빛향기 머금은 달개비꽃을 바라보면 자식걱정에 가슴이

퍼렇게 멍들었던 내 어머니의 눈물인양 애잔하다. 평생을 들꽃 같은 삶을 살다 가신 어머니 앞에서 나는 어린 아이가 된다.

어미 눈에는 자식이란 항상 철없는 어린애 같아서 볼수록 안쓰러운데, 세상 물정 모르는 어린 것을 두고서 영영 떠나야만 했던 당신의 속내가 얼마나 안타까웠으랴.

어머니께서 내 곁을 떠나신지 어언 40여 년이 흘러갔다. 그러나 세월 흐를수록 가슴 깊이 파고드는 모정의 그리움은 더욱 깊어만 간다. 내 마음의 한 자락을 여기에 적어 본다.

응달진 산기슭 들풀 사이로/ 어머니 닮은 달개비꽃/ 그 앞에서 나는 언제나 어린 아이// 질기고 억세게 살아온 들꽃/ 휘청이는 줄기들과 잎새들 아우성에/ 아랑곳 하지 않고 늘 젖어 있었네// 별들이 속삭이며 바람이 유혹해도/ 땅속 깊이 뻗어내려 태풍도 재워가며/ 의연하게 버텨왔네// 눈물은 방울방울 꽃으로 피어날 때/ 생명의 음표 쉬지 않고 이어가네/ 꽃보다 뿌리로만 살아오는/ 그 앞에서 나는 언제나 어린 아이.// - (구영례 「달개비꽃」)

여름 내내 그토록 우렁차게 합창하던 수많은 매미들의 자취가 감쪽같이 사라졌다. 산기슭에서 갈바람이 나뭇가지 끝에 앉아 있는 빨강 고추잠자리 날개를 타고 살랑살랑 내려온다.

(『수필문학추천작가회 연간사화집』 2016. 제26호)

장독대는 그리움을 부른다

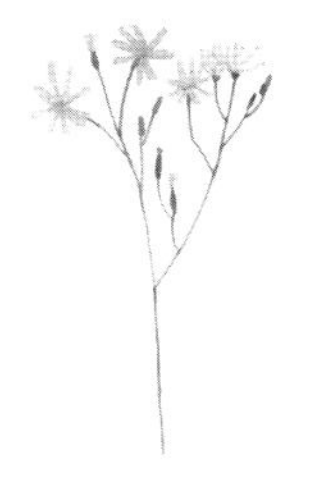

항아리는 흙으로 빚어 투박하지만 내 어머니를 향한 그리움을 부른다. 어릴 적 고향집 양지바른 곳에 있던 장독대는 크고 작은 항아리들이 옹기종기 정겹게 모여 있었다.

우리 어머니는 유달리도 꽃을 좋아하셔서 집안 구석구석에 갖가지의 꽃나무를 심어서 철 따라 꽃이 피어났다. 장독대주변에도 여러 가지 종류의 꽃을 심어 가꾸어 놓으셨다.

장독대 앞에 키 작은 채송화는 쇠비름과 한해살이지만 줄기를 끊어서 심어도 잘 자란다. 빨강, 분홍, 노랑, 하양, 주황색으로 모여서 피어난 채송화의 강한 생명력과 끈기는 우리들의 어머니를 닮았다. 채송화는 낮은 자세로 키를 낮추고 천천히 음미해야 정감이 더욱 간다.

향기가 독해서 뱀이 도망간다는 노랑 서광꽃, 수탉 벼슬을 닮은 맨드라미꽃, 여름밤에 손톱을 빨갛게 물들이던 봉숭아꽃 등이 장독대 주변에 어우러져서 피었다.

호박 넝쿨손이 담벼락 이엉 위를 뻗어가며 황금 별꽃을 활짝 피운 후에 애호박이 예쁘게 달렸다. 주변에는 여주가 싹을 틔워 줄을 타고 기어오르고 쫙 벌어진 열매 속에는 붉은 보석들이 알알이 박혀서 유혹하였다.

장독대는 그 집안의 가풍이 이어져 내려오고 안주인의 정성스런 숨결이 항상 그곳에 머물렀다. 지금은 집마다 냉장고가 주방 한쪽을 차지하건만 옛 오지항아리들의 숨결만은 못하다.

화창한 날씨에 활짝 열어놓은 항아리 속에는 맑고 푸른 하늘과 자연의 정기가 어우러져 담겨있었다. 사계절 내내 간장, 된장, 고추장 등 온갖 양념들을 숙성하여 그 집안의 음식 솜씨의 척도를 가늠하게 하였고 가족들의 건강을 지켜줬다.

장독대에는 낭자머리를 단아하게 쪽진 우리 어머니께서 새벽미명부터 정화수를 정성껏 떠놓고, 천지신명께 가족의 건강과 평안을 두 손 모아 기원 드리던 신성한 제단이었다.

항아리의 쓰임은 사람의 빈부귀천을 가리지 않았으며, 토속적인 전통주를 빚을 때는 오지항아리가 아니면 결코 그 맛을 빚어내기가 어렵다. 천하의 명주는 금이나 은그릇이 아닌 오직 흙으로 빚은 오지항아리에서 탄생하는 것이다.

항아리는 한국인의 발효식품인 김치를 저장할 때에 으뜸이었고 사용용도에 따라서 다양하게 쓰였다. 겨울밤에 땅에 묻어둔 동치미를 꺼내다가 먹는 시원한 맛이란 잊을 수가 없다.

어느 날, 해질녘에 친구와 숨바꼭질을 하다가 간장항아리를 와장창 깨고 말았다. 항아리 깨지는 요란한 소리에 뛰쳐나온 어머니는 간장에 범벅된 나를 얼른 어루만지며 살피셨다.

겉보기에는 우직하고 튼튼하게 보였던 항아리가 그리 쉽게 깨어질 줄이야 몰랐다. 아무리 크고 좋은 항아리일지라도 금이 조금이라도 가면 아무런 쓸모가 없는 것이었다.

인간관계에 있어서 아무리 소중한 사이일지라도 서로에게 조심성이 결여되어 신뢰가 손실되면, 그릇이 깨지듯이 회복하기 힘든 안타까운 일들이 얼마나 많은가.

고향의 장독대는 어머니의 숨결처럼 내 가슴에 영원한 그리움으로 간직하고 있다. 지금도 나는 가족들을 위해서 항아리에 손수 간장, 된장, 고추장을 담아 숙성시켜서 음식을 만든다.

식생활의 다양한 변천에 따라서 항아리 속에서 숙성된 토속적인 음식들을 멀리하는 신세대들에게 오지항아리의 필요성도 점점 희소가치로 남겨질 것을 생각하면 아쉽기만 하다.

삶이 힘겨울 때는 거실 한쪽에 있는 큰 오지항아리에 등을 기대고 가만히 눈을 감는다. 그리하노라면 그리운 어머니가 내 등을 다독거리는 듯 마음이 평안하다.

"막내야, 요즘 힘들지? 하늘이 도우셔서 앞으로 잘 풀릴 거야. 용기를 갖고 씩씩하게 힘을 내거라."라는 어머니의 음성이 귓가에 들려오는 듯하다.

(『한국산문』 2013. 10.)

꽃은 진자리에 여운을 남긴다

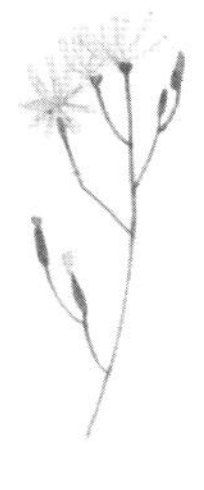

엄동설한에 행운목이 꽃을 피워 생명의 향기가 그윽하다.

거실에 서있는 행운목에서 긴 꽃대가 서서히 나오기 시작하였다. 꽃대에서 생긴 여러 개의 가지 끝에 동글동글 꽃봉오리 군락을 이루어 수천 개의 밀알만한 하얀 꽃들이 피어났다.

행운목을 키운 것은 원목에 붙은 한 뼘 남짓한 작은 가지였는데, 27년을 우리 가족과 동고동락하며 6척 장신으로 자라서 우리 집에 터줏대감으로 자리를 굳혔다.

그는 그동안 우리 집안에 대소사를 모두 지켜

보았던 셈이다. 어디 그뿐인가. 가족들이 힘든 시련에 처할 때마다 한마디씩 외쳐대던 모든 하소연을 묵묵히 들어줬다.

행운목은 도회지의 시멘트 공간에 갇혀서 삭막해져가는 나의 일상에 시원한 푸름과 함께 항상 생기를 선사했다.

가족 간에 사소한 의견충돌로 소란할 때는 행여나 행운목이 들을까봐 부끄러웠다. 지난해 가을에 떠난 열다섯 살의 반려견 검은 푸들 환희에게도 미안한 심정이었다.

행운목의 개화는 해질 무렵부터였다. 꽃봉오리의 군락에서 밀알만한 하얀 꽃들이 밤이면 달빛을 맞아 활짝 피었다가 새벽이면 모두 닫히기를 보름동안을 반복하였다.

베란다에는 행운목과 동갑내기 호랑카시나무가 해마다 성탄절 즈음에 꽃을 피웠는데 올해는 행운목에게 꽃 피우는 걸 양보하였다. 행운목과 호랑카시 꽃은 모두 쌀알만큼 작은 크기에 백합꽃의 강렬한 향기를 닮았다.

행운목 꽃은 꽃대에서 달콤한 꿀물이 이슬처럼 방울방울 맺혀서 아래로 뚝뚝 떨어졌다.

내가 오랜 세월 속에 행운목에게 해준 일이라고는 화분갈이와 겨우 목숨부지로 일주일에 두어 번 물을 준 것 밖에 없었다. 간혹 물수건으로 커다란 잎을 닦아줄 뿐이었다.

물을 주는 일마저 깜빡 잊어도 목마르다고 투정 한번 하지 않았다. 근래에는 편찮으신 어머니 돌봄과 손자 키우고 공부한다는 핑계로 제대로 보살펴주지 못하여 거실 한구석에 먼지를 뽀얗게 둘러쓰고 서있었다.

내가 바쁘다는 이유로 행운목에게 그토록 무심했건만 이토록 향기롭고 고운 꽃을 피워서 오히려 나를 위로하며 속삭였다.

'당신이 몇 해 동안에 얼마나 힘들었는지 너무도 잘 알아요….'

진정한 벗은 시끄럽게 요란을 떨지 않고 그저 눈길로 가만히 쳐다만 봐도 서로가 마음으로 통한다. 아이들과 함께 잘 자라준 행운목이 이젠 내 소중한 친구 중에 하나가 되었다.

행운목은 'Lucky Tree' 꽃말은 행운과 행복이며 '약속을 실행하다'라고 전한다. 아스파라거스과 관엽식물로 원산지는 인도네시아, 싱가포르 등 열대성 식물이라서 추위에는 약하다.

우리나라의 기후조건에 잘 맞지 않아서 거의 수년에서 수십년에 이르러 꽃 피우기가 쉽지 않다. 이처럼 꽃이 피는 것이 어려운 만큼 집안에 꽃이 피면 행운을 가져다준다고 한다.

우리 집에 현관문을 열고 집안에 들어서면 향기로운 행운목의 꽃향기가 가득하다. 올 한해에는 온 가족이 간절히 소망하는 좋은 일들이 주 안에서 꼭 이루어질 거라 기대해본다.

행운목은 실내공기를 정화해주는 식물로 널리 알려졌으며

강한 햇빛을 피하고 반그늘에서 배수가 잘 되도록 키워야 잎사귀가 생기 있게 잘 자란다.

예로부터 '난의 향기는 백리를 가고, 묵의 향기는 천리를 가지만 덕의 향기는 만리를 간다.'라고 전한다.

蘭香百里, 墨香千里, 德香萬里.

꽃은 향기로 자신의 존재를 전하고 다가오는 자에게 맛있는 순백의 꿀을 값없이 나눈다. 벌과 나비는 꽃의 선한 배려에 열매를 맺도록 도와주며 상생한다.

우리들에게도 각자의 인품에 따라서 다양한 존재의 향기를 풍긴다. 사람의 향기는 그의 행실과 말에서 가치의 척도를 가늠할 수가 있는 것이다.

봄이 오는 창가에서 비단결처럼 부드러운 햇살이 거실 안으로 가득히 들어왔다. 행운목이 꽃을 피웠던 진자리에 여전히 그윽한 향기의 여운이 남아있다.

향기로운 꽃이 남긴 향이 이러 할진데 하물며 사람의 아름다운 향기는 세상에서 가장 오래도록 남는다고 하지 않았던가.

언젠가 이 세상 소풍 끝내고 본향으로 돌아가는 날, 나를 대신하여 어떤 향기가 남겨질는지 앞만 보고 달려온 날들을 뒤돌아보게 하였다.

(『수필문학』. 2015. 4.)

달팽이의 세상살이

삼복더위에 명주달팽이와 동거를 시작한지 석 달이 지났다.

팽돌이는 시골에서 친구가 보낸 야채에 붙어서 우리 집에 온 쌀알 크기의 아주 작은 아기 달팽이다.

따뜻한 인정보따리에 딸려온 손님인지라 하루에도 수차례 정성껏 돌봐줬더니 제법 큰 완두콩만큼 자랐다.

집을 가끔씩 탈출한 팽돌이는 주변에 어린 청란이 어미 곁을 떠나 수경재배를 한 곳으로 기어가서 붙어있기를 좋아한다.

물이끼가 고향의 수초향내를 풍기는지 이젠 아예 제 집과 청란 잎사귀를 곡예 하듯이 타고 들랑거리며 놀이터를 삼았다.

팽돌이를 야채 밭이나 풀숲에 진즉 놔주려고 했었는데 가뭄이 너무 심해서 망설였다. 뜨거운 햇살 아래에 바스라 질듯이 여린 것이 어찌 버텨낼지 염려스러웠다.

도덕산기슭에 올망졸망하게 농사짓는 주말농장 야채밭에서 쪼그리고 앉아 아무리 눈을 씻고 살펴봐도 달팽이라고는 한 마리도 보이지 않는다.

팽돌이를 풀숲에 놔주면 무서운 턱을 가진 땅 위에 무법자 개미떼들이 한순간에 달려들어 해코지를 할 것만 같았다.

아무리 작은 미물일지라도 살아있는 생명체와의 교감은 참으로 경이롭다. 팽돌이는 내가 나지막하게 휘파람을 불면 안테나를 세우고 두리번거리며 반응을 한다.

우리는 서로 언어는 달라도 소통에는 문제가 되지 않으며 보이지 않는 끈끈한 어떤 끈으로 연결이 된 느낌이다. 팽돌이와 나는 동시대를 함께 살아가는 생명체이다.

우리 집 주변에는 이웃들이 가꾸는 주말농장의 텃밭이 많이 있다. 그곳에 종종 찾아가서 땡볕에 앉아서 각종 채소 겉잎을 아무리 훑어봐도 팽돌이 짝 찾아주기는 쉽지가 않다.

농장주인에게 사정을 하고 팽돌이 중매를 부탁했더니 요즘에는 달팽이가 눈에 잘 띄지 않는다고 한다. 그것은 채소의 상품가치를 높이기 위해서 농약을 많이 한 탓이리라.

공기 맑은 햇살아래에서 유기농으로 키운 농작물은 맛이 좋아서 팽돌이가 잘 먹었다. 우리들은 달팽이가 먹지 못하는 농약 뿌린 채소들을 식탁 위에서 매일 먹고 살아간다.

자연 속에서 살아가는 작은 생명체들이 우리에게 얼마나 사랑스럽고 소중하다는 것을 잊지 말아야한다. 이들이 건강하게 살아갈 수 있는 환경이 우리들을 건강하게 해주는 것이다.

얼마 전에 이웃이 건네준 채소에 붙어온 작고 여린 달팽이 세 마리가 우리 집에 들어왔다. 어린 새끼들의 먹성이 대단하여 잘 자라서 팽돌이네는 대가족이 되었다.

가족을 거느린 팽돌이가 어린새끼들을 등에 업고 온 몸으로 사력을 다해서 기어간다. 그의 힘겨운 모습을 바라볼 때에 문득 가족을 위해 고생하는 남편의 얼굴이 떠올랐다.

타향살이에서 오체투지 하는 수도승처럼 30여 년을 가장으로써 견뎌온 질곡의 세월이었다. 평소에 말수 적고 올곧은 성품으로 조직생활에 적응하기 힘들어 하던 직장생활이었다.

우리 부부는 결혼하여 살아오면서 근검절약하여 자수성가하였지만, 어려웠던 신혼시절에 집 걱정 없는 달팽이가 몹시도 부러웠던 때가 있었다.

셋방을 얻으러 헤매다가 높은 곳에 올라가서 아래를 보니 달빛아래에 집들이 수없이 많았다. 그러나 내 가족이 오순도순 평안히 쉴 곳이 없다는 서글픔에 눈물이 저절로 흘렀다.

집주인은 우리들에게 어린애가 둘씩이나 딸려서 방을 줄 수가 없다는 것이었다. 주인을 겨우 설득해서 어린 남매와 숨죽여 살았던 집 없는 설움의 단편들이 스쳐지나간다.

어느 날, 집주인이 내게 가정예배를 드리지 못하게 하였다. 교회구역식구들과 찬송가를 소리죽여 가만히 읽고 예배를 드리면서 집 없는 설음이 이런 거라는 걸 느꼈다.

집 걱정 없는 팽돌이 가족은 신선한 상추로 아침식사를 마치고 청란 잎사귀로 건너가서 평안하게 단잠이 든 모습이 사랑스럽다. 그들은 어떤 꿈을 꾸고 있을까.

(『수필문학추천작가회 사화집』 2015. 제25호)

비상(飛上)하라

TV에서 주말에 방영하는 '동물농장' 프로를 가족들과 함께 자주 시청한다. 이 프로는 인간과 동물이 서로를 신뢰하고 따르는 소통과정에서 친밀한 유대관계를 다양하게 보여준다.

그중에 동물들이 주인에게 버림받아 상처받거나 생명경시를 겪을 적에는 안타깝고 슬프다. 누구에게나 목숨은 하나뿐인데 작은 생명일지라도 소중하지 않은 존재가 어디 있겠는가.

작은 새들이 이른 아침부터 나뭇가지 위에서 저희들만의 언어로 지저귈 때는 기분이 상쾌하다. 직박구리 어미 새와 아기 새의 감동적인 사연은 내 가슴을 훈훈하게 하였다.

직박구리는 참새목 직박구리과 종으로 우리나라 텃새 중에 잡식성으로 시골이나 도심의 숲 속에서 살아간다. 모성본능이 강한 어미 새는 새끼들을 지극한 정성으로 잘 키운다.

어느 꽃집가게 안으로 어미 새가 곤충과 작은 열매를 입에 물고 수시로 날아들었다. 꽃나무 위에 앉은 털이 보송보송한 아기 새 입속에 쏙 넣어주고 다시 쏜살같이 밖으로 날아갔다.

사연인즉 이소 직전에 둥지에서 떨어진 아기 새를 꽃집 주인이 구조하였다. 동물병원의 검진결과 부러진 날개깃이 썩어서 깃털이식수술을 포기하고 재활치료를 받고 집으로 돌아왔다.

그런데 영영 떠난 줄 알았던 어미 새는 먹이를 물고 새끼를 다시 찾아왔다. 대개는 새끼를 돌보다가 날지 못하면 떠나버리는 것이 자연의 법칙이라고 하는데 다시 찾아온 것이다.

어미 새의 새끼를 향한 사랑은 한눈에 봐도 너무나 애절하였다. 하루는 새끼에게 먹이를 준 후에 함께 날아가자고 애원하지만 어린 것은 못 들은 양 묵묵부답이었다.

어미 새는 하루에도 수차례 먹이를 물고 새끼를 찾아왔다. 아기 새를 향해서 '아가야, 엄마처럼 이렇게 하늘을 훨훨 날아보라'고 안타까운 심정으로 연신 파닥거리며 비행시범을 하였다.

아기 새는 어미가 날마다 물어다 준 먹이 덕분에 몸짓이 어미만큼 커졌고 날개깃도 눈에 띠게 자라났다. 아기 새의 눈빛도 생기가 나서 어미 새를 향하여 활기차게 조잘거렸다.

하루는 아기 새를 찾아와 애절하게 지켜보던 어미 새가 새끼에게 다가와서 갑자기 입맞춤하고 밖으로 훌쩍 날아가 버렸다. 그런데 잠시 후에 기적 같은 일이 일어났다.

어미 새가 떠난 후에 아기 새는 초롱초롱한 눈망울로 몇 차례 날개 짓을 하더니 뜻밖에 건물 밖으로 푸드덕 날아갔다. 아기 새는 난생처음으로 가장 높고 멀리 비상하는 듯하였다.

어미 새는 건물 난간에 앉은 새끼 앞으로 날아가더니 '엄마처럼 다시 날아보라'고 요란스럽게 날개 짓을 하는 것이었다. 이러한 어미의 간절한 모습에 눈시울이 저절로 뜨거워졌다,

아기 새는 용기가 났는지 하늘을 향해서 힘차게 솟아오르더니 전깃줄 위에 앉은 어미 곁으로 갔다. 어미 새는 날아온 새끼를 대견스럽게 바라보더니 입 속에 먹이를 넣어줬다.

도심의 전선 위에 새끼와 함께 앉았던 어미 새는 갑자기 4차선 대로 건너편에 숲속으로 쏜살같이 날아가 버렸다. 혼자 있던 아기 새는 어미가 날아간 곳을 향해서 힘차게 비상하였다.

얼마 후에 숲 속에서 어미를 다시 만나 서로 부리를 비벼대며 기뻐하였다. 이기 새의 용기 있는 비상에 박수를 보내는 내 눈가에는 형용할 수 없는 뜨거운 눈물이 그치지 않았다.

어미 새는 이소시기가 훨씬 지났는데도 부상당한 새끼를 절대 포기하지 않았다. 지극한 사랑으로 보살펴서 자연 속에서 제 몫을 감당하며 당당하게 살아갈 수 있도록 이끌었다.

주변에 심신의 장애와 불우한 환경 속에서도 절망하지 않고 고난과 시련을 딛고 이겨낸 장한 사람들이 많다. 그분들의 감동적인 인간승리의 뒤에는 가족의 헌신적인 사랑이 있었다.

문득 이소한 딸아이와 세상을 향해 여전히 날개 짓을 배우고 있는 여린 아들이 눈앞에 아른거렸다. 어미로써 살아온 지난세월이 어미 새보다 부족한 것이 너무 많아서 부끄러웠다.

어미 새의 지극한 사랑으로 자녀를 끝까지 신뢰하면서 지켜본다면, 언젠가는 아기 새처럼 용기를 갖고 제 힘으로 높은 창공을 힘차게 비상할 때가 오리라 믿는다.

작은 새 가족이 전하는 감동의 메시지는 밤하늘에 별보다 아름답게 영원히 빛날 것이다. 이는 대자연이 우리에게 전하는 미래의 희망적인 보고가 아니겠는가.

(『국제펜클럽』 2014. 9.)

라주 코끼리의 눈물

- 사라져가는 것들을 위하여-

코끼리는 인간의 끝없는 탐욕으로 개체수가 급속하게 감소하였다. 상아(象牙)로 만든 장식품의 소비충족을 위해서 아프리카코끼리들이 무자비한 밀렵을 당하고 있다.

코끼리는 육상동물 중에서 가장 크고 현존하는 종류에는 아프리카코끼리, 둥근귀 코끼리, 아시아코끼리 등이 있다. 코끼리의 당당한 위세 앞에 동물의 왕인 사자도 꼼짝을 못한다.

야생코끼리는 무리생활을 통해서 행동이나 의사소통하는 방법을 가르치고 배운다. 무리를 통솔하는 늙은 암컷 코끼리가 광활한 지역을 이동할

길과 철따라 먹이와 물을 찾는 감각과 기억력은 놀랍고도 감동적이다.

우두머리는 생존에 필요한 많은 지식과 정보들을 어린 암컷들이 자라면 전수하여 무리를 이끌어간다. 코끼리는 지능이 높고 청각은 3km 거리의 소리도 파악하며 임신기간은 18개월~22개월로 동물 중에서 가장 길다.

코끼리의 긴 코는 5만개 근육으로 된 손이며, 숨을 쉬고 물을 마시거나 나뭇잎을 뜯고 동전까지 집는다. 죽은 동료의 뼈를 코로 더듬어 인식을 하고 의사소통으로 사용한다.

코끼리와 인간의 관계는 수천 년 전부터 길들여져 밀림에 거대한 통나무와 무거운 짐들을 운반한다. 그러나 코끼리는 많은 양의 먹이와 물을 필요로 하여 한 마리가 하루 평균 260ha의 식물을 먹는다. 코끼리들이 살아가려면 광대한 토지가 절대적으로 필요한데, 인간들의 농경지개발로 자연을 훼손하여 숲이 해마다 감소되어서 생존을 더욱 위협받고 있다.

코끼리에 대한 상징에는 힘, 충성, 기억의 지속, 인내, 지혜, 행운. 부와 행복한 결혼생활을 의미한다. 흰 코끼리는 불교의 상징적 동물로 마야 부인의 꿈속에서 부처의 탄생을 알렸다.

중국에서는 힘, 총명, 사려, 활력, 지고의 통치권을 뜻하고,

그리스와 로마에서는 지성을 나타내는 헤르메스 신의 부수물이며 로마 미술에서는 장수, 불사, 죽음에 대한 승리를 상징한다.

내가 코끼리를 무척 좋아하게 된 것은 1970년대 중학교시절에 '신상(神象)'이란 영화 때문이다. 신상의 원제가 '코끼리는 나의 친구'로 인도풍의 음악이 흥겹게 흘러나온다.

신상은 한국에서 최초의 인도 영화이다. 내용은 주인공(라주)과 코끼리(라무)의 신뢰, 우정과 소통을 그린 영화로 주인을 끝까지 지켜내다가 살신성인하는 내용으로 감명을 받았다.

근래 유티브 동영상에서 화제가 되는 사연인즉슨, '라주' 코끼리는 움직일 때마다 살을 파고드는 톱니로 된 날카로운 쇠사슬에 발이 묶여서 무려 50년간 주인에게 학대를 받아왔다.

라주는 관광객들의 트럭 역할을 하다가 동물단체의 도움으로 자유의 몸이 되었는데, 어릴 적에 어미가 밀렵을 당하고 현재 주인에게 불법 양육되어 기관으로부터 보호를 받지 못해왔다.

라주는 구조 당시에 영국 동물단체인 '와일드라이프 SOS'가 찍은 영상에는 라주의 발목에 거대한 쇠사슬을 풀어주는데 깊은 상처와 심한 매질을 당한 상처흔적이 남아있었다.

주인은 라주에게 먹이를 제대로 주지 않아서 플라스틱과 종이로 배를 채웠다. 라주 몸에 털을 모두 뽑아서 관광객들에게 팔았다는 사실에 너무나도 가슴이 아팠다.

구조작업에 참여한 푸자 비네팔은 “우리 의료팀이 발목에 감긴 쇠사슬을 풀었을 때 라주가 눈물을 뚝뚝 흘렸다. 라주가 어떤 감정인지 말하지 않아도 가슴으로 알 수 있었다”라고 하였다.

와일드라이프 SOS 관계자는 “라주는 구조 후에 갱생시설로 보내져 인간이 고통만 주는 존재가 아님을 가르칠 것이며, 같은 처지의 코끼리들과 함께 여생을 행복하게 살게 될 것”이라고 말했다. 그 이후에 라주는 안전한 장소로 이동시켜서 평안한 나날을 보내고 있다는 가슴 따뜻한 소식이다.

한편으로는 아프리카코끼리가 무분별한 밀렵으로 5년 후에는 야생생태계에서 멸종하게 될 거라는 최악의 충격적인 소식이다. 이는 워싱턴대학교의 새뮤얼 와서 박사의 『보존 생물학 저널』에 발표한 내용을 인용하여 보도되었다.(출처 –조선일보)

인도코끼리는 멸종위기종이며 아프리카코끼리의 수가 1980년대 1백만에 이르렀는데 현재 47만으로 크게 감소했다고 한다. 코끼리의 살육은 빈곤국가에서 서구의 부자들을 위한 스포츠 관광사업으로 전락했다니 통감할 일이다.

상아를 소유하는 것은 살아있는 코끼리를 죽여야 얻어진다. 상아채취의 욕심을 버리지 않는 한 밀렵은 계속될 것이며 코끼리들의 앞날은 매우 비관적일 수밖에 없다.

지구상에서 인간들의 탐욕으로 코끼리가 사라져가는 것은

너무나도 부끄럽고 가슴 아픈 일이다. 코끼리보호를 위한 대책과 제재들을 전 세계적인 연대로 강력하게 이루어져야 하겠다.

문득 아기 코끼리 한 마리가 밀렵꾼의 총에 맞아 쓰러진 어미 곁에서 망연자실 두려움에 떨고 있다. 가엾은 아이의 울부짖는 모습이 자꾸만 오버랩 되어 뇌리에서 떠나지 않는다.

(2016. 11.)

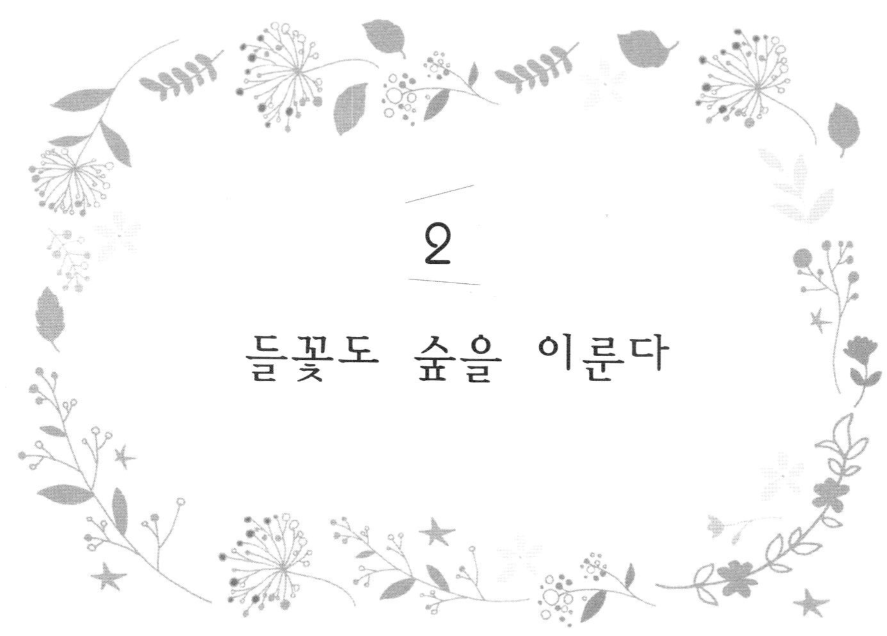

2

들꽃도 숲을 이룬다

들풀, 그들은 각자 삶의 치열한 현장에서도 혼자만 잘 살려고 하지 않는다. 비록 좁은 영역일지라도 서로 공간을 양보하고 연합하여 숲을 이루고 온 들녘을 에메랄드 풀꽃향기로 가득히 채운다.

그리움을 품고 흐르는 강

한여름 무더위를 피해서 지인들과 강원도 주천 강가로 천렵을 떠났다. 투망 속에 잡혀서 팔딱거리는 물고기들의 몸부림은 생명력이 넘쳐났다.

흐르는 강물을 바라보며 어릴 적에 고향강변에서 살아왔던 잊지 못할 추억의 편린들이 떠올랐다. 우리 집은 금강 상류의 거대한 하천이 흐르는 강변주변에 있었다.

강가에 풍경은 눈만 뜨면 대하던 일상이었다. 가뭄에 강줄기가 줄어들면 물소리는 바윗돌 사이로 졸졸거리며 속삭였지만, 장마 때는 엄청나게 불어난 누런 강물은 공포의 대상이었다.

고조부께서 경남 사천에서 가족을 인솔하여 함양의 육십령을 넘어 장계를 향하셨다. 산기슭에 터전을 잡았더라면 수해로 인한 아픈 가족사가 발생하지 않았을 것이다.

부요했던 전답들은 수해로 인해 모조리 휩쓸려갔고 겨우 남은 땅은 해마다 물속으로 사라져갔다. 매년 수확할 농작물들도 휩쓸어갔기에 수해는 우리 가족에게 숙명적인 한이 되었다.

어릴 적에 재방 위에서 본 거대한 황톳물은 우리의 전답들을 흔적도 남기지 않았고 강가에 오두막마저도 삼켜버릴 위세였다. 장마가 휩쓸고 간 자리는 너무나도 참혹했다.

장마가 그친 후, 늙으신 아버지는 운명에 순응하듯이 해마다 뜨거운 햇살아래에서 홀로 재방을 쌓으시는 모습은 어린 마음속에 말할 수 없는 아픔이었다.

그러나 자연이 내게 준 멋진 추억들은 장마가 멈춘 며칠 후에 펼쳐졌다. 모래알이 보일 정도로 수정 같은 물속에는 피라미, 꺽지, 쉬리, 모래무지, 탱아사리, 빠가사리, 미꾸라지, 등의 수많은 생명이 살아갔다.

시냇가에는 온갖 형태의 조약돌들이 저들만의 추억을 간직하고 꿈 많은 소녀들의 손안에서 소중한 친구가 되어줬다. 햇살아래 펼쳐져 반짝이는 금빛모래는 마음을 사로잡았다.

사내아이들의 손에 들린 작고 납작한 돌맹이는 강물 위로 물수제비를 띄우며 잽싸게 날아간다. 그럴 때면 파란하늘을 가슴에 품고 잠들어 있던 강물을 화들짝 깨워 놓았다.

해질녘에 석양은 붉게 물들고 강물은 은빛보석처럼 빛났다. 수많은 물고기들이 하얀 비늘을 반짝이며 수면 위로 튀어 오르는 모습은 장관이었다.

냇가에 수초사이에는 민물새우들이 떼 지어 노닐고 소금쟁이가 물 위를 가볍게 걸어 다녔다. 개구리들이 인기척에 놀라 커다란 눈을 끔뻑이며 물속으로 뛰어들어 첨벙거렸다.

밤하늘에 셀 수 없는 별들이 보석처럼 수를 놓고, 곤충들이 들풀의 품에서 여름밤의 전설을 재잘거릴 때에 반딧불이가 별이 되고 싶어 꽁지에 야광 불을 켜고 깜박이며 하늘을 날았다.

오랜 세월이 흘러간 지금도 알 수 없는 슬픔이 장마철이 돌아오면 가끔씩 엄습하지만, 고향의 코발트빛 잔잔한 강물과 시냇가의 정경들을 떠올리면 아픔을 잊곤 한다.

물은 세상에 모든 생명체의 근원이 되건만 현실은 인간들이 버린 공장폐수와 온갖 쓰레기들로 오염되어 수많은 생명체들이 멸종의 위기를 맞고 있다.

옛 안양천은 주변에 공장에서 버린 폐수들로 심한 악취가 풍겼었다. 지금은 주변에 공장부지이전과 친환경적으로 조성되어 깨끗한 물속에서 잉어와 큰 물고기들이 평화롭게 헤엄친다.

하늘빛을 품고 고요히 흘러가는 맑은 강물은 내 마음을 평안하게 한다. 이제는 세월의 강가에 서면 어릴 적에 아린 추억들도 그리움을 품고 흘러간다. (『광명예술』, 2013. 1.)

들꽃도 숲을 이룬다

들꽃은 비바람 몰아치는 생의 한복판에서 피어난다. 풀잎에서 풍겨오는 쌉쌀한 향내를 맡으면 마음이 평온하다.

고향에서 어릴 적에 봤던 들풀들을 만나면 항상 반갑다. 언제부턴가 들풀과 눈길이 마주치면 이름을 찾아서 불러주었다. 세상에는 이름 없는 들꽃이 없는데 내가 그동안 무지하였다.

우리 집에서 가까운 도덕산(183m)을 산책하면서 들풀 향기를 맡으면 삶의 의욕이 솟구친다. 들풀과의 대화는 겸손한 마음으로 자세를 낮춰야 한다는 사실을 알게 되었다.

산기슭 아래에는 들풀들을 향해 무법자처럼 휘감는 환삼덩굴이 흔하게 보이고, 고부간에 생긴 갈등을 말해주는 며느리밑씻개, 동글동글 붉은 열매에 독을 품은 자리공(장녹) 등이 있다.

숲 속 길가에는 소녀의 긴 머리채를 닮은 그령풀(지장풀)을 보면, 매듭의 유혹이 자꾸 생기는데 결초보은(結草報恩)의 유래가 깊은 풀이다. 주변에는 실새풀, 쥐꼬리새풀, 개피, 포아풀, 큰비노리, 쥐보리, 호밀풀, 큰기름새, 억새풀, 솔새풀 등이 제각각 큰 키를 자랑하며 바람결에 가녀린 몸을 흔들어댄다.

밭고랑이나 언덕에는 달개비꽃, 돌나물, 방동사니, 바랭이, 털비름, 쇠비름, 개비름, 꽃다지, 명아주, 쇠뜨기, 뚝새풀, 방가지똥, 주름잎꽃, 개망초, 지청개, 봄까치풀, 냉이, 금불초, 질경이, 광대나물, 달맞이꽃, 괭이밥, 까마중, 메꽃, 토끼풀, 자운영, 깨풀 등이 농부들과 치열한 생존전쟁을 치른다.

밭둑이나 산기슭에서는 벼룩나물, 제비꽃, 씀바귀, 민들레, 쑥, 고들빼기, 강아지풀, 애기똥풀, 쇠별꽃, 개미취, 엉겅퀴, 명아주여뀌, 도깨비바늘, 양지꽃, 며느리밥풀, 매듭풀, 파대가리, 무릇, 싱아, 쑥부쟁이, 왕바랭이, 고마리, 여뀌 등의 들풀들과 눈길이 마주치면 '내 이름을 불러주세요.'라고 웃는 듯하다.

잡초(雜草)는 백과사전에 '가꾸지 않아도 저절로 나서 자라는 여러 가지 풀, 또는 이로움보다 해가 많은 식물로 방제해야 하는 식물'로 명시되었다. 인간이 농경생활을 시작하면서부터 발생하여 때와 장소에 적절하지 않은 식물을 일컫는다.

미국의 랠프(Ralph Waldo Emerson)시인은 잡초를 농작물과 비교하면 그 가치가 아직 발견되지 않은 식물들로 평가받고 있으며, 나중에 숨은 가치를 인정받기도 한다고 하였다.

인간은 농작물에 침범하여 수확량을 감소시키는 잡초와 오랜 세월을 끈질기게 싸워왔다. 그럴지라도 잡초는 예측할 수 없는 불안한 환경을 잘 극복하고 생존을 위해서 끊임없이 씨앗을 맺는 끈기와 지혜는 우리들이 본받을 만하다.

장마철에 산기슭이 빗물에 쓸려가지 않도록 잡초의 잔뿌리들이 흙을 품고서 버텨내고, 봄부터 대지 위를 에메랄드빛 양탄자를 깔아놓은 것처럼 장관을 이룬다.

잡초들은 간혹 식물과 공생관계를 맺어서 곡식을 병충해의 침입으로부터 막아주고, 인간에게 해로운 농약 대신에 이들을 이용하여 자연농법으로 농사를 짓는 사례가 전해온다.

자연농법은 일본인 후쿠오카 마사노부에 의해 창시되었다. 벼와 잡초를 함께 자라게 하면 한 시점에서 잡초가 벼의 성장력을 도와서 벼에서 강인한 면역력이 생겨난다. 벼의 청년기에 풀을 베어 논에 깔아주면 지렁이, 효소 박테리아 등의 각종 미생물이 논의 토양을 비옥하게 하여 곡식의 소득을 높인다고 한다.

시멘트 틈새에서 홀로 핀 들풀을 보면서 부모 능력과 출생 환경에 따른 금, 은, 흙수저 계급론이 떠오른다. 그러나 사람이 중요한 것은 삶의 목적을 어디에 두고 어떤 가치관으로 살아가는지가 진정한 행복의 척도라고 본다.

들풀은 어느 곳에서 싹을 틔울지라도 자신에게 주어진 삶에 최선을 다하는 당당한 모습이 장하다. 세상에 어느 누가 이들에게 하찮은 잡초라고 비웃으리오.

척박한 환경을 탓하지 않고 각자 순종의 삶을 살아간다. 아무도 관심을 갖지 않아도 벌과 나비를 부르고, 햇살아래에 수많은 작은 생명들에게 안식처를 제공해준다.

들풀, 그들은 삶의 치열한 현장에서도 혼자만 잘 살려고 하지 않는다. 비록 좁은 영역일지라도 서로 공간을 양보하고 연합하여 숲을 이루고, 온 들녘을 에메랄드 풀꽃향기로 가득히 채운다.

들풀들이 폭염 속에서 목마르고 힘겨울 때에 밤에는 찬이슬과 낮에는 구름으로 보호하고, 그들이 향기로운 꽃을 피우도록 항상 곁에서 돌봐주는 분이 계시다는 사실을 알았다.

우리들도 들풀처럼 서로의 부족함을 채워주는 상생의 삶을 추구하며 살아갈 수는 없을까. 향기로운 들꽃세상처럼 서로를 사랑하고 배려하면서 아름다운 숲을 만들어 가면 좋겠다.

부질없는 욕심에서 벗어나서 목적이 이끄는 삶을 살아가고 싶다. 주님은 나에게 순전한 들꽃 같은 존재를 원하신다는 것을 작은 들풀에게서 엿보게 되었다.

(『국제PEN클럽』. 2016. 12.)

청춘이 아프다

조간신문에 청년실업 100만 명(12.5%)에 돌입했다는 기사가 큼직하게 실렸다. 안타까운 한숨이 저절로 새어나온다.

한국 사회에 청년실업난은 우리 젊은이들이 취업의 기회마저 잡지 못한 상태이다. 각박한 현실 속에서 시급 인생으로 끝날지도 모른다는 불안감에 좌절하고 있다.

우리 딸아이는 대학을 졸업하고 총무처 기술직 공무원공채에 합격하여 10년차 직장생활을 한다. 반면에 아들은 대학원을 졸업했지만 전공과는 다른 첨단산업분야 직업훈련을 받았다.

기술을 배우면서도 본인의 적성에 맞지 않아서 많은 고민을 하다가 다행으로 전공을 발휘할 수 있는 저명한 ○○○편집회사에 정식사원으로 취직하여 한시름을 내려놓았다.

요즘 동창모임에 나가면 장성한 자녀들의 취업문제로 친구들 간에 동병상련의 가슴앓이를 하고, 친구들 앞에서 취직한 자식자랑도 함부로 해서는 실례가 되는 세태이다.

현재 20대~30대를 삼포세대, 오포세대, 칠포세대라는 상징적인 표현을 한다. 연애, 결혼, 출산, 인간관계, 집 마련, 꿈, 희망 등을 포기함을 나타내는 단어들이 마음을 아프게 한다.

현대사회에서 청년실업의 문제점들은 갈수록 심각한데 진정 해결방법은 없는 것일까.

전 세계적인 경기침체는 내수 경기의 저조로 불안정한 청년 취업난, 높은 물가와 집값 상승, 유아보육문제, 자녀사교육비문제 등 경제적, 사회적으로 부담감이 큰 원인도 한몫을 거든다.

첨단과학의 자동화에 따른 노동력 감소와 베이비붐세대의 자녀들이라는 이유도 있지만, 삼포세대(연애, 결혼, 출산포기) 등장은 우리 사회의 구조적인 문제에서 발생되었다고 본다.

우리 사회의 인식도 고학력을 선호하기보다 장인(匠人)이 인정받는 사회로 달라져야 한다고 본다. 젊은이들이 안정적인 직업을 위해 공무원시험으로 몰려 최고의 경쟁률 속에서 기약

없이 매달리는 모습은 너무나도 안타깝다.

청년취업난은 세계 여러 나라들도 마찬가지로 불안정한 고용 상황과 낮은 임금의 청년층을 '1,000유로 세대' 혹은 '이케아 세대' '사토리 세대(さとり世代) '라고 일컫는다.

미국에서는 부모에게 얹혀서 사는 '트윅스터', 프랑스는 '캥거루족', '탕기', 이탈리아는 '큰 아기'로 '밤보치오니', 영국은 '키퍼스'라고 한다.

일본도 역시 '패러사이트 싱글', 알바인생 프리터족, 세상도 취직도 싫은 무업자 '니트족' 등의 신조어가 청년들의 빈곤문제를 말한다.

근래에는 '신캥거루족'이 등장하여 자녀들이 결혼해서도 독립하지 않는다. 부모에 의존하여 손자양육까지 맡아야 하는 세태로 증가하는 추세라고 한다.

정부에서는 각 기업을 통해 안정된 청년일자리제공과 사회적인 복지시스템을 서둘러야 한다. 고령화시대에 기성세대 미래의 복지를 책임져야할 주역들이 바로 삼포세대인 것이다.

대기업들은 거대한 자본을 외국에 투자하여 공장을 지어서 외국노동자들 수십만 명을 살리고 있다. 이러한 자금을 한국경제에 투자하면 우리 청년취업난에 큰 도움이 되리라고 본다.

정부와 각 부처에서는 비정규직에 대한 노동시장개혁과 청년실업난을 위한 결단과 추진력이 속히 필요하며, 최우선으로 해결할 과제가 바로 청년실업문제임을 자각해야하겠다.

한국 언론진흥재단 미디어연구센터에서 리서치플러스 설문조사에서 '청년'을 연상하는 단어를 50대 이상은 청춘, 열정, 패기, 연애, 여행, 낭만 등 청춘연관 비중이 53%로 나타났다. 반면에 20~30대는 취업, 실업, 일자리, 백수, 알바, 인턴 등 청년실업의 비중이 55%로 높았다.

이와 같이 우리 청년들에게 취업이외 다른 생각할 여유가 없는 안타까운 현실이다. 청년들에게 많은 일자리 제공은 국민의 행복지수를 높이고 나라가 부강해지는 길이 될 것이다.

독일의 경우에는 2005년에 청년실업률이 15.5%에서 10년 후에 7.2%로 절반 이상이 낮아졌다. 페터 하르츠(Hartz) 전 독일 노동시장 개혁위원장은 그 비결을 정부의 빠른 결단과 추진력이라고 하였듯이 우리나라도 예외일 수가 없다.

청년들은 현실이 힘겨울지라도 알에서 스스로 깨어 나와야 생명력을 갖는 사실을 인지하고, 각자 삶의 가치 있는 목표를 설정하여 꿈을 향한 도전을 절대로 멈추지 말아야 한다.

청춘은 봄이다. 찬란하게 아름다운 봄이 이토록 아픈 것은 미래에 아름다운 꽃을 피우기 위해 뿌리를 더욱 굳건하게 자리 잡기 위한 과정이 될 것이다. 우리 청년들이여! 어깨를 활짝 펴라.

(『광명문인협회 시낭송회』 2016. 3.)

달빛 초상화

어릴 적에 나의 소원은 어머니의 예쁜 얼굴이 더 이상 늙지 않는 것이었다. 어른들이 달님에게 간절히 바라는 소망을 말하면 꼭 들어준다고 하여 보름달이 떠오르면 소원을 빌곤 하였다.

어머니는 나의 위대한 신(神)이요, 내 모든 어려움을 풀어주는 해결사였고, 최고의 든든한 산성이요, 내가 가장 안전하게 거할 수 있는 최후의 보루이자 안식처였다.

우리 어머니는 내가 여고 3학년 때에 위암에 걸리셨다. 당신은 병을 꼭 이겨내고 내 곁을 지켜 줄 거라 말씀하셨지만, 들녘에 곡식들이 누렇게 익어가는 그해 가을을 넘기지 못하셨다.

어머니는 호흡이 멈추는 마지막 순간까지도 나를 안타깝게 부르셨다. 아버지는 평화롭게 잠든 어머니를 아무도 손대지 못하게 하시고 당신이 손수 씻겨서 수의를 입혀드렸다.

아버지의 애절하신 모습을 바라보면서도 철부지였던 나는 내게 닥친 불행은 아버지 탓으로 여겼다. 생전에 아버지는 화병(火病)이 도지면 울분을 토로하셨다. 형제들은 객지로 나가고 엄마와 나는 당신의 모든 고통을 곁에서 지켜봐야 했다.

어머니가 세상을 떠나신지 10년 째 되던 해에 아버지는 병상에서 내게 말씀하셨다. 부모님께서 43년을 해로하신 삶의 여정을 회상하며 한편의 영화 같은 이야기를 들려주셨다.

고향에서 십리쯤 떨어진 계남리 범터라는 마을에 충주 박씨 문중에 피부가 백옥 같이 희고 미모가 고운 처자의 소문을 들었단다. 하루는 그녀의 동네를 찾아가 마을 한가운데 자리한 그 집 담 너머에서 몰래 살펴보는데, 마침 처녀가 방문 고리를 열어젖히고 밖을 바라보는 것이 아닌가.

"그녀는 박꽃처럼 눈이 부시도록 예뻤고 애수에 젖은 큰 눈빛을 바라본 순간 그만 숨이 멎고 말았다"라고 아버지는 어머니에 대한 운명적인 만남을 얘기하셨다. 한눈에 사랑에 빠진 총각은 당돌하게도 며칠 후에 장인을 찾아가서 혼인 허락을 받아냈다.

그녀의 아름다운 얼굴에 서린 애수에는 연유(緣由)가 있었다. 모친이 서른여섯에 5남매를 두고 요절을 하셨다. 계모가 들어와 큰딸을 서둘러 양반집 자녀와 혼인을 시켰는데 신랑이 몸이 아픈 걸 속였더란다.

그런데 그가 네 엄마를 고이 지켜줘서 그 집에 사람들이 네 엄마에게 새 인연을 찾으라고 친정으로 보냈다더라. 한국근대화가 시작되어 신문물이 도입되고 개화기로 접어든 시기였지.

조부께서 금광업을 하셔서 집안에 머슴을 서넛씩 두고 넉넉했지만 나는 젊은 혈기로 일본으로 건너가서 많은 돈을 벌어서 고국에 돌아왔단다. 당시에 해방을 맞아 화폐개혁으로 벌어온 돈이 휴지가 되고 말았는데, 엎친데 겹친 격으로 무자년 수해에 전답을 모두 잃고 말았구나.

가족들이 이러한 불행의 연속을 당하면서 행여나 네 엄마의 탓이라고 돌릴까봐 난 노심초사 했단다. 가엾은 네 엄마가 무슨 죄겠느냐. 모든 게 내 복이 없는 탓이지.

세월이 눈 깜박할 새에 흘러가버렸구나. 네 엄마와 살아오면서 가장 행복했던 때는 네 어릴 적에 밭모퉁이에 아카시아나무 꽃그늘 아래에서 오두막을 짓고 살았던 시절이었구나.

수재였던 네 큰오빠가 조금만 지혜로웠으면 나와 불화도 없었을 것을. 내가 아프다는 소리를 들었으면 날 보러 꼭 찾아올

거라며 말끝을 흐리셨다.

병석에서 아버지와 나눈 대화는 당신과 이승에서 마지막이 되었으며 사흘 후에 엄마 곁으로 영영 떠나셨다. 아버지의 아픔에 위로는커녕 철없이 굴었던 과오를 속죄하며 통곡하였다.

부모님께서 천형(天刑)의 괴롭힘을 거듭하여 당하신 운명에도 좌절하지 않으시고, 우리 자식들을 위해서 오로지 끝까지 견뎌내신 고난의 삶들은 곧 내 존재의 역사인 것이었다.

두 분의 기구한 운명적인 삶이 파노라마처럼 떠오르고 인생에 뭉클한 애상을 느꼈다. 고난과 시련 속에서도 평생을 오직 어머니를 향한 아버지의 지고지순한 사랑에 가슴이 먹먹해 왔다.

어머니는 나를 쉰둥이로 낳아서 지극한 사랑으로 길러주셨다. 큰언니의 산후조리를 갔다가 내 생일을 챙겨주려고 집으로 돌아오다가 폭설을 만나서 하마터면 동사할 뻔 하셨다.

어디 그뿐인가. 가난은 어린 내 배를 채우지 못했는데 어머니는 늘 배부르다고 하셨다. 자식들에게 한 숟가락이라도 더 먹이고 입히려고 당신은 헐벗고 굶주린 걸 왜 그때는 몰랐을까.

살아오면서 힘겨운 일을 겪을 때마다 어머니를 마음속으로 부르면 힘이 불쑥 솟는다. 당신은 내 영혼의 심지가 되어 평생을 자식 위해 타올랐던 사랑의 불꽃은 영원히 꺼지지 않으리라.

(『수필문학』 2015. 5.)

양귀비꽃보다 더 붉어라

남덕유산(1,503m) 남서쪽기슭에 위치한 장계는 내 고향이다.

전북 장수군 장계면 장계(長溪)는 소백산맥의 산간에 사방(四方) 4km 고원분지 위에 새둥지 형상을 하였다. 해발 약 400m이상으로 동부에 깃대봉(1,015m), 백운산(1,279m) 등의 높은 산들이 주변에 있고 산자락에 25여 마을들이 정답게 모여 있다.

생업으로는 사과, 축산업, 인삼, 양봉, 고랭지 채소, 임업, 광업, 기타 특용작물 등을 재배한다. 청정고지대로 단단하고 당도가 높은 '장수사과', '장수 한우'는 지역특산물로 손꼽힌다.

장계동쪽은 할미산 육십령을 경계로 거창과 함양, 서쪽은 진안과 전주, 남쪽은 장수와 남원, 북쪽은 무주와 대전으로 이어지는 교통의 교차로이다. 장계는 전북 동부산간지대의 교통과 상업의 최대 농산물집산지로 불린다.

장계는 학부모들의 교육열이 높아서 장계초등학교가 개교 100주년을 맞이하고 중·고등학교가 있다. 내가 어릴 적에 350년 수령의 느티나무아래 운동장에서 1,300여명의 아이들이 뛰어놀았다. 농어촌 인구감소로 후배들의 인원수가 올해 졸업생 200여명에서 현재 재학생이 총 247명으로 갈수록 줄어든다는 안타까운 소식이 들린다.

장계는 청정지역으로 신비로운 반딧불이가 숲 속을 불 밝히며 밤하늘에 전설을 수놓았다. 녹음방초가 우거진 하천에는 석양이 질 때쯤에 수많은 물고기 떼들이 비늘을 반짝이며 공중에 튀어 올라 저들만의 언어로 연가를 불렀다.

코발트빛 물속에는 앞산이 단잠에 취해 늦잠을 자고 있었고, 하천가에는 조약돌들이 거센 물살에 오체투지의 수련을 견딘 후에 예쁜 자태를 자랑하였다. 보호색을 띤 작은 물새들은 냇가주변에 돌무더기 사이에서 보금자리를 틀고 살아갔다,

고향의 역사적인 인물 중에 장수태생 청백리 황희 정승은 백장선생과 장계에서 함께 유배생활로 교분이 두터웠다. 백장

선생은 고려충신으로 태조와 태종이 집현전 대제학을 제수하자 출사어명을 끝내 고사하다가 유배되었다.

의암 주논개는 장계면 주촌마을훈장 주갑술 외동딸로 사갑술(개해, 개달, 개날, 개시) 띠를 타고났다. 부친을 일찍 여의고 친척에게 억울한 일을 당했을 때에 최경회 장수현감이 누명을 벗겨준 인연으로 최현감과 17세에 혼인한다.

최경회는 임진왜란으로 진주병마절도사로 부임되어 진주성으로 논개와 함께 내려가는데, 제2차 진주성싸움에서 패하고 김시민 장군과 함께 자결을 한다. 남겨진 논개는 기생으로 분장하여 '게야무라 후미스케' 왜장을 안고 진주남강에서 순국한다.

논개를 기생으로 대부분 알고 있지만 이는 일제의 식민사관에서 빚어진 역사왜곡이다. 그녀의 신분을 밝혀주는 각종 문헌과 고증을 통해서 확인되었다.

해주 최씨 문중에서 1987년에 발행한 《의일휴당실기(日休堂實記)》에 최경회를 의미하는 '경상우병사증좌찬성최공시장(慶尙右兵使贈左贊成崔公諡狀)'에 논개 관련부분이 언급되었다. 이러한 기록을 근거로 의암 신안 주씨 논개는 최경회 장군의 '부실(副室)'임이 밝혀졌다.

‘且其副室 公死之日 盛服婆娑於江中巖石
誘賊長因而俱墜死 至今人稱義巖’

‘공이 죽던 날에 그의 부실이 좋은 옷을 입고 강가를 거닐다, 바위로 적장을 유인해 끌어안고 죽어 사람들은 지금까지 ’의암‘이라 부른다.’

내가 초등학교 5학년 때, 장수 논개사당에서 매년 9월 9일 열리는 ‘논개제전 학생백일장대회’에서 입상하였다. 전휴상국회의원이 시상식에서 내 머리를 쓰다듬던 기억이 눈에 선하다.

고향을 대표하는 주논개의 뜨거운 충절을 기린 변영로님의 「논개」를 떠올리며 님의 고결한 뜻을 마음에 다시금 새겨본다.

거룩한 분노는/ 종교보다도 깊고/ 불붙는 정열은/ 사랑보다도 강하다./ 아, 강낭콩 꽃보다도 더 푸른/ 그 물결 위에/ 양귀비꽃보다도 더 붉은/ 그 마음 흘러라.// 아리땁던 그 아미/ 높게 흔들리우며/ 그 석류 속 같은 입술/ 죽음을 입 맞추었네./ 아, 강낭콩 꽃보다도 더 푸른/ 그 물결 위에/ 양귀비꽃보다도 더 붉은/ 그 마음 흘러라.// 흐르는 강물은/길이길이 푸르리니/그대의 꽃다운 혼/ 어이 아니 붉으랴./ 아, 강낭콩 꽃보다도 더 푸른/ 그 물결 위에/ 양귀비꽃보다도 더 붉은/ 그 마음 흘러라.

장계는 금강 상류로 거대한 하천이 흘러서 장마에 우리 전답이 큰 수해를 겪었다. 해마다 수해로 고통을 겪는 부모님의 모습은 어린 내게 너무나도 큰 슬픔이었다.

부모님께서 세상을 떠나신 후로 옛 추억의 아픔에서 벗어나려고 약 40년을 고향에 발길을 끊었는데, 글을 쓰면서 불행했던 가족사의 연결고리를 풀고 고향과 화해하게 되었다.

고향은 원망의 대상이 아닌 내 삶의 바탕이 되어 맑고 의롭게 살라는 가르침을 주었다. 가난으로 꿈이 좌절된 어린 내 심성을 따뜻하게 위로해준 어머니의 넉넉한 품이었다.

이제는 나를 오랫동안 괴롭히던 빗소리에 대한 두려움을 떨쳐내고, 내가 가장 행복했던 유년의 시간 속으로 그리운 얼굴들을 만나러 언제든지 고향으로 달려간다.

(『수필문학』 2016. 8.)

어머니, 꽃구경 함께 가요

첫눈이 펑펑 쏟아지던 지난해 동짓달에 구순(九旬) 어머님께서 소천(所天)하셨다. 당신과 30여년을 함께 동고동락했던 수많은 사연들이 주마등처럼 스쳐갔다.

4년 전에 부부동반 여행을 떠난 새벽에 어머니께서 교회를 가다가 뺑소니차에 사고를 당하셨다. 터키에 도착하여 새벽 3시경 악몽에 시달리다가 잠을 이루지 못하던 시각이었다.

어머님은 사고 당시 뇌에 치명적 손상으로 병세가 점점 악화되어 우여곡절로 요양원에 계셨다. 그토록 인자하셨던 어머님의 사고에 우리 부부는 안타까워 눈물이 마를 날이 없었다.

목련꽃이 피어나던 봄날에 맛있는 음식을 챙겨서 어머니를 찾아뵙고 꽃그늘 아래에서 행복한 시간을 종종 보냈다. 어머니는 건강을 많이 회복하셔서 당신의 수첩에 적힌 윤동주의 「서시」를 즐겨 낭독하셨다. 시인인 남편이 자작시를 모친께 읽어드리면 기뻐하셔서 잠시나마 우리들이 처한 불행이 꿈을 꾸는 듯했다.

어머니의 머리 위에 비단결 같은 봄 햇살이 쏟아지는 풀밭에서 당신의 손을 잡고 산책을 즐겼다.

능소화 꽃그늘 아래 벤치에서 다정하게 대화하는 모자(母子)의 정경은 시간이 멈추어도 좋을 만큼 가슴이 아리도록 아름다웠다. 남편은 막내로 아버님을 일찍 여의고 어머니께서 자식들을 위해 고생하신 일들을 곁에서 지켜봤기 때문에 어머니를 가장 이해하는 효자였다.

그러나 어머님은 당신이 쓰신 주옥같은 수필을 읽어드려도 전혀 기억을 못하는 말씀에는 가슴이 아렸다. 어머니께서 전주에 가고 싶다고 어린아이처럼 자주 떼를 쓰셨다. 그런 당신을 달래서 '고향의 봄'을 함께 노래 부르다 집에 돌아올 때는 김형영 시인의 「따뜻한 봄날」이 자꾸 떠오르곤 하였다.

어머니, 꽃구경 가요./ 제 등에 업히어 꽃구경 가요./ 세상이 온통 꽃 핀 봄날/ 어머니는 좋아라고 아들 등에 업혔네./ 마을을 지나고 산길을 지나고/ 산자락에 휘감겨 숲길이 짙어지자/ 아이구머니나/ 어머니는 그만 말을 잃었네./ 꽃구경 봄구경/ 눈 감아 버리더니/ 한 움큼씩 한 움큼씩 솔잎을 따서/ 가는 길 뒤에다 뿌리며 가네./ 어머니, 지금 뭐하신데요./ 꽃구경은 안 하시고 뭐하신데요./ 솔잎은 뿌려서 뭐하신데요./ 아들아, 아들아, 내 아들아/ 너 혼자 내려갈 일 걱정이구나./ 길 잃고 헤맬까 걱정이구나.

노모를 등에 업고 길을 떠난 아들과 내가 다를 바가 어디 있으랴. 우리는 당신을 그곳에 남겨놓고 되돌아서면서 다른 길이 없지 않느냐고 수백 번을 되뇌지 않았는가. 그러나 어머님은 우리들이 찾아뵐 때마다 나는 여기가 좋으니 걱정 말라며 흐린 정신에도 못난 자식 걱정을 한없이 하셨다.

어머니께서 천국으로 떠나셨지만 내게 베푸신 사랑의 흔적들을 생각할 때마다 가슴이 미어진다.

어머니는 신교육을 받으신 신여성으로 신석정, 장만영, 이영도, 임옥인, 이병기, 김해강, 최승범, 허소라 선생님 등 많은 문인들과 폭 넓게 교류하셨으며, 전북문단은 물론 중앙문단에서도 왕성하게 활동을 하신 분이시다.

어머님은 문인들과 서신왕래로 친교하실 때에 소녀 같은 고운 감성으로 단풍잎과 꽃잎을 말려서 넣어 보내셨다고 지금도 어머니와 함께한 선생님들께서 말씀하신다. 우리들에게도 언제나 사랑 가득한 편지와 함께 꽃잎을 자주 보내주셨다.

옷 만드는 솜씨가 뛰어난 어머니께서는 철따라 손수 내 옷을 만들어 주셨다. 최신형 멋진 옷들과 좋은 것을 보면 내 생각이 난다고 뭐든지 챙겨다 주셨다. 그중에는 어머니께서 가장 아끼셨던 신석정 선생의 친필 시화액자와 남농 허건 선생의 소나무 액자를 주셨다. 이것들은 다른 형제들이 눈독을 냈지만 우리 집에 잘 어울린다며 친히 주셨다.

어디 이것뿐인가. 어머니는 항상 내 기도의 동역자였고 내가 산고를 겪는 순간에도 내 손을 잡고 기도해주셨다. 간혹 부부싸움을 하여 어린 남매를 데리고 어머니 곁으로 내려가면 잘 왔다고 위로하며 오직 내 편을 들어주셨다.

어머니께서는 철없는 나를 향해서 한 번도 잘못을 질책하지 않으셨으며 항상 사랑으로 품어주셔서 동서들에게 부러움과 시샘을 불러일으키기도 하였다.

내 어릴 적에 일찍 떠나신 친정어머니보다도 오랜 세월을 당신에게 받았던 지극한 사랑을 내 어찌 잊으리오. 당신에게 많은 것을 받기만 하고 조금도 갚아드리지 못했건만 이렇게 우리 곁을 훌쩍 떠나셨다.

어머님은 “너에게 기도밖에는 해줄 것이 없어 미안하다”고 늘 입버릇처럼 말씀하셨지만, 당신의 믿음의 기도와 사랑은 내게는 가장 위대한 유산이 되었다.

어머니의 상(喪)을 치루고 직장에 출근하려는 남편에게 위로의 말을 건넸다.

“여보 어떡해요. 당신도 나처럼 부모님을 모두 잃어서 고아가 되었네요? 힘내세요.”라고 했더니 그는 오히려 내가 측은하다는 듯이 이렇게 말하였다.

“나보다 당신이 더 걱정이 되는구먼. 엄마는 항상 당신 편이었는데 든든한 후원자를 영영 잃었네.”라는 그의 말에 어머니께 다하지 못한 불효를 『시경(詩經)』 해설서 한시외전(韓詩外傳)을 떠올리며 회한의 눈물을 쏟았다.

樹欲靜而風不止 나무는 고요히 머물고자 하나 바람이 그치지 않고
子欲養而親不待 자식은 봉양하고자 하나 부모님은 기다리지 않네.
往而不可追者年也 한번 흘러가면 좇아갈 수 없는 것이 세월이요
去而不見者親也 가시면 다시 볼 수 없는 것은 부모님이시네.

어머니께서 다니셨던 ○○교회 목사님께서 성도들과 장례식

에 참석하셨다. 목사님은 내 손을 잡으시고 우리 어머니께서 생전에 당신에게 하신 말씀이라며 이렇게 전하셨다.

"목사님, 제 마음 한가운데는 우리 막내며느리가 자리 잡고 있어서 전 항상 행복해요."라고 말씀하셨다는 말에 눈물을 주체할 수가 없었다. 이 못난 자식을 그토록 사랑하셨단 말인가.

꽃들이 지천에 만발하여 봄이 아무리 찬란하여도 "어머니, 우리 함께 꽃구경 떠나요."라고 진심을 전할 곳이 없다. 이제는 누가 날 위해 기도해주고 "사랑하는 내 딸아"라고 불러 주리오. (『한국기독교수필문학』 2016. 제26집)

존재의 의미

길가에 피어난 수많은 들꽃에게도 저마다를 지칭하는 이름이 있다. 하물며 우리들의 이름에는 얼마나 소중한 존재의 의미가 담겨 있겠는가.

옛말에 '虎死留皮, 人死留名(호랑이는 죽어서 가죽을 남기고 사람은 죽어서 이름을 남긴다.)'라고 하였다.

이름의 유래에는 삼국시대 이전에 백성들과 왕을 비롯한 귀족층도 성(姓) 없이 이름만 쓰였다. 고려 중기부터 성이 없는 사람에게 과거에 급제할 자격을 주지 않는다는 법령에서 당시에 지식인 상당수가 성이 없었다는 것을 알 수 있다.

조선시대에는 양반은 성과 이름이 한자이지만

상민과 천민들은 한글을 이용한 고유어를 썼다.

민간에서는 전염병에 의한 유아사망률이 높아서 아명을 강아지·개똥이·돌이 등으로 천하게 지어서 염라대왕의 관심을 피하여 무병장수의 기원을 담았다.

일반적으로 성씨에 이름은 두 자인데 이름의 한 자는 항렬자로 출생 전에 이미 정했다. 항렬자의 배열은 오행(水·木·火·金·土)의 순환을 따랐으며, 나머지는 임금과 조상 등의 이름을 언급하거나 함자를 따서 작명하는 것을 삼가 했다.

이러한 풍습은 왕권강화와 더불어 양반들 사이에서는 자(字), 호(號)를 지어서 두 번째 이름으로 불러졌다. 오늘날에도 자식이 부모의 이름을 남에게 말할 때, 이름 두 자를 붙여 말하고 한 자씩 떼어서 '○자 ○자'라고 말하게 되었다.

우리나라는 예로부터 남존여비사상의 오랜 전통 속에서 여인들은 친정가문의 성만 지칭하는 '능성 구씨 부인'이란 이름 없는 여인으로 살아야했다. 한국의 여인들에게 이름을 되찾게 되었던 것은 근대의 우리 어머니세대에 이르러서였다.

나는 6남매 막내로 태어났는데 모친의 노산으로 생사의 가늠이 어려워 호적에도 몇 해를 오르지 못하였다. 몸은 약하지만 눈빛이 총명하여 부디 죽지 말고 살아서 세상을 착하고 올바르게 살라며 '구영례(具永禮)'로 작명하였다고 한다.

어릴 적에 엄마한테 '영자', '영숙' 자매들의 이름이 훨씬 더 예쁘다고 불평을 했었다. 하지만 인생의 굽이굽이를 휘돌아 올 때마다 세상을 착하고 바르게 살아가려고 항상 내 이름의 의미를 잊지 않았다.

세상에서 가장 듣고 싶은 소리는 나를 다정하게 부르시던 부모님의 음성이다. 두 분 모두 세상을 떠나신지 약 40년이 흘렀지만, 지금도 눈 감으면 나의 귓가에 그리운 목소리가 꿈결처럼 아련히 들리는 듯하다.

문인으로 등단하여 예명을 사용할 수도 있었지만 부모님이 내게 부여해 주신 의미를 생각하였다. 첫수필집이 출간되어 집으로 실려 왔을 때 내 이름을 확인한 순간에 가슴이 벅찼다.

어려움 속에서도 열심히 살아온 지난 고백에 며칠 동안 눈물을 흘렸다. 그 후부터 감당하기 벅찬 일들이 생길 때마다 자신에게 '영례야 사랑해'라고 하는 습관이 생겨났다.

이름에 얽힌 에피소드가 있다. 추석에 시댁에서 차례예배를 마치고 시부님께 성묘를 갔다가 비석 뒷면에 쓰여 있는 손윗동서들의 이름을 보다가 깜짝 놀랐다. 내 친자매들과 동서들의 이름은 우연찮게도 모두 동명이인 영자, 영숙, 영례이다.

내 성격은 남에게 헛말을 하지 않고 배신하지 않으며 약속과 예의를 지키고 맡겨진 일에는 최선을 다한다. 그러나 내 결을 스쳐간 수많은 인연들 속에서 나는 어떤 존재였을까.

남편의 오랜 벗 최영록 선생이 내게 지어준 안수당(安水堂)이란 당호(堂號)를 두고 있다. 고향 장수의 맑은 물의 상선약수처럼 모든 것을 감싸고 흐르는 겸손의 의미가 깃들어 있다.

이름의 좋고 나쁨 또는 타고난 사주팔자를 믿지는 않지만, 그 사람의 내면적 인품과 자신이 성취하고자 노력하는 열정에 따라 인생은 달라질 수 있다는 생각을 한다.

내 존재의 의미를 지칭하는 '영례'라는 이름에 대하여 누군가 촌스럽다고 할지라도 나는 만족하고 사랑한다.

부모님의 크신 사랑이 없었던들 과연 나 같은 미약한 팔삭둥이가 세상에 존재했을까. 남은 여정도 고개 들어서 하늘을 향해 부끄럽지 않는 삶을 살아갈 것이다.

(『수필문학』, 2012. 11.)

이름을 지운다

핸드폰 명단 속에서 소중한 이름 하나를 지워야 할 일이 생겼다. 살아가면서 인간관계를 맺고 산다는 것이 무슨 거미줄(web)로 연결된 것처럼 복잡하게 엮어져 있다.

작은 전화기 속에 기록된 수백 명의 명단이 빼곡하다. 바쁘다는 핑계로 안부전화도 못하다가 관계가 소원해진 인연들도 많았다. 그냥 어정쩡한 사이로 전락하다보면 이름도 생소하여 번호를 지워왔다.

고향에 계셨던 어머니의 번호를 누르면 금방이라도 당신의 따뜻한 목소리를 들을 수 있었건만 이제는 그 번호가 무용지물이 되었다. 당신의 이름을 찾아서 삭제를 클릭하려는 내 손끝이 그만 파르르 떨렸다.

오래 전에 핸드폰이 막 나오던 즈음에 어머니께 핸드폰을 생신 선물로 사드렸더니 몹시 기뻐하셨다. "언제든지 너희들이 그리우면 전화하마. 세상이 참 편리해졌네. 전화기를 호주머니에 넣고 다닌다."라고 하시며 활짝 웃으셨다.

어머니의 전화번호를 삭제하기 전에 통화를 한번 꾹 눌렀다.

"지금 거신 전화는 결번이오니 다시 확인하시고 걸어주십시오 뚜우뚜 뚜뚜 …"

어머니께서 이 세상에 계시지 않으니 당연히 전화를 받지 않는다는 것을 알면서도 말이다. 당신이 떠나신지 일 년이 흘러갔지만 당신을 향한 그리움에 가슴 깊은 곳에서 애잔한 한 숨소리가 저절로 '휴~우' 흘러나왔다.

살아생전에 내가 어머니께 전화를 할 때는 가장 기쁜 일이나 마음이 울적할 적에 누군가 내 편이 필요할 때였다. 그러나 점점 나이 들어 철들어갈 즈음부터는 환절기가 돌아오면 연로하신 어머니의 건강이 염려가 되어서 전화를 자주 드렸다.

"어머니, 저 막내 영례예요. 그간 어떻게 지내고 계셨어요? 아프시지는 않으셨어요?"

'오냐. 나는 건강히 잘 지내고 있단다. 너희들은 별일 없지?'

"네. 어머니, 저희들도 어머니의 기도 덕택에 무탈하게 잘 지내고 있어요. 가을을 맞이하여 단풍이 아주 예쁘게 물들어가고 있네요. 진화가 둘째를 낳아서 사내아이만 둘이예요."

'그랬어. 내 둘째 증손자의 산후조리 해주느라고 어미가 애썼겠구나. 요즘에 단풍이 참 곱구나. 얼마 전에 여고동창들과 내장산을 다녀왔지.'

"그러셨어요. 어머니, 너무도 보고 싶어요."

'그래. 나도 너희들이 많이 보고 싶구나. 전주에서 광명까지 고속버스가 생겨서 단번에 너희들한테 언제든지 갈 수 있어서 너무도 좋구나. 날 위해서 버스가 생긴 것 같구나. 둘째 증손자 얼굴도 보고 싶고 내 곧 한번 가마.'

"네. 어머니. 맛있는 음식 만들어서 광명 구름산에 단풍구경도 가고, 제가 사는 광명에 세계적 명소로 유명세를 떨치고 있는 '광명동굴'에 함께 구경 가요."

'오냐. 그러자꾸나.'

"어머니 사랑해요."

'그래. 나도 널 항상 생각하며 많이많이 사랑한다.'

"어머니 저두요…."

어머니와 나는 고부관계로 혈육으로 맺어진 사이는 아니지만 항상 뭐든지 잘 통했다. 아마도 당신이 살아계셨으면 우리는 평상시처럼 이렇게 전화통화를 했을 것이다.

지난해 당신을 떠나보내고 가슴 한가운데가 뻥 뚫린 것처럼 허전하고 못 다한 불효가 가슴을 친다. 내 기억이 나를 지탱하는 순간까지 당신의 사랑을 잊을 수 없을 것이다.

그러나 산다는 것은 서로의 마음에서 관심 밖으로 떠났거나 무관심으로 곁에서 멀어지면 잊고 살아가는 것이구나. 남겨진 자들의 몫은 아, 사랑하는 가족이라 할지라도 말이다.

언젠가는 사랑하는 이들의 손끝에서 내 이름을 지워야할 때가 오겠지. 지금 내 심정처럼 그들도 내 번호를 지우면서 남겨진 추억을 부여잡고 아쉬워하겠지.

이별이란 남겨진 사람들의 안타까움 속에서 그리움의 뼈아픈 연속이다. 그러나 모든 것을 뒤에 훌훌 버리고 떠나가는 사람은 어떤 심정일까.

광명문인협회 제110회 야외시낭송회(9월)에서 시창작 강의를 해준 허형만 시인의 「이름을 지운다」라는 시를 공감하며 입속으로 가만히 읊어 본다.

수첩에서 이름을 지운다/ 접니다. 안부 한 번 제대로 전하지 못한/ 전화번호도 함께 지운다.// 멀면 먼대로/ 가까우면 가까운 대로/ 살아생전 한 번 더 찾아뵙지 못한/ 죄송한 마음으로 이름을 지운다./ 살아온 날보다 살아 갈 날이/ 얼마 남지 않음을 몸이 먼저 아는지/ 안경을 끼고도 침침해지는데/ 언젠가는 누군가도 오늘 나처럼/ 나의 이름을 지우겠지/ 그 사람, 나의 전화번호도/함께 지우겠지//별 하나가 별 하나를 업고/ 내 안의 계곡물안개 속으로 스러져가는 저녁//

내가 언젠가 세상을 떠나가면 남겨진 가족들도 이렇게 나를 지우고 살아가겠지. 산다는 것은 서로가 이별을 아파하다가 그 사실도 하나씩 잊으며 살아가는 것이런가.

어머니의 존함을 삭제하려다 당신을 잊을까 두려웠다. 나는 당신의 전화번호를 '1004'로 다시 입력하였다. (2016. 11.)

길 위에서 세상을 읽다

세상만물은 천태만상이다.

나는 쪽빛 바탕의 날씬하고 멋진 한국산 자동차로 태어났다.

내 이름은 1993년생 현대 엘란트라(Elantra), 어느 누구라도 날 부르면 세상 어디든지 열정적으로 달려간다.

우리 족속은 당당한 계보와 혈통이 있다. 세상에 태어나는 즉시 출생신고는 물론 생명보험에 가입하고, 내 주인을 위해서 평생 길 위를 달리며 살아간다.

내 임무는 오직 주인의 명령에 따라서 달리고

멈추어야 하는데, 만약 내 욕망대로 하면 바로 엄청난 불상사를 초래하는 일이 벌어질 수도 있다.

내가 처음 도착한 곳은 어린 남매를 둔 30대 젊은 부부가 살아가는 작은 아파트였다. 주차장 주변에는 나보다 멋진 친구녀석들은 별로 보이지 않아서 내 어깨가 으쓱했다.

가족들의 사랑이 가득 담긴 소박한 눈빛을 대하면서 행복을 예감하였다. 세상을 살아가면서 누군가에게 항상 소중한 존재라는 사실은 마음이 뿌듯한 것이다.

하루는 고향에 계시는 주인님의 팔순노모께서 막내아들이 자동차를 처음 장만했다는 소식을 듣고 달려와서 나를 어루만지며 기뻐하셨다. 내가 달리는 길 위에는 전쟁터처럼 위험하다며 아들의 운전대를 붙잡고 무사고를 위해 간절히 기도해주셨다.

좋은 세상이 되려면 사람들이 법을 잘 지켜야하듯 길 위에서 모든 사람들이 도로규칙을 철저하게 지켜야 평안했다. 간혹 자격미달 운전자와 준법정신이 부족한 행인들로 인해 간이 콩알만 할 때도 많았지만 주인님은 안전운행을 잘 지켰다.

사람들의 인생길이 각자 다르듯이 우리 자동차는 주인의 생업에 따라서 달려가는 길도 참으로 다양하다. 도로포장이 잘 된 수월한 아스팔트길, 위험한 빙판길, 빗물이 잠긴 길, 공사장에 자갈과 진흙탕길, 그밖에 수많은 길을 달리고 달렸다.

휴가철에는 가족들과 환희와 란희 푸들모녀 반려견을 데리고 산과 바다로 떠났던 멋진 추억을 기억한다. 아름다운 자연 속에서 휴식을 취하고 집에 돌아오면, 내게 가족들의 수고했다는 위로 한마디에 피로를 잊고 사명에 큰 보람을 느꼈다.

해마다 명절에는 자동차들이 길 위로 개미떼처럼 한꺼번에 몰려나와 거북이 행진을 한다. 고향 가는 도로 위에서 장시간 발이 묶여 꼼짝 못할 때는 내게 날개가 달렸으면 하는 심정이건만, 가족들은 이상하게도 불평 한마디 없이 웃음꽃을 피웠다.

주인님은 운행 중에 나를 계속 재촉하여 속도를 신나게 높일 때면 아줌마는 말렸다. 도로교통법 위반자를 잡는 코브라가 곳곳에서 노려보고 있다고, 속도조절의 필요성과 위험을 말할 때는 나도 모르게 긴장이 되었다.

내가 이집에 들어온 지 어언 23년을 맞이하여 청춘이었던 주인부부는 어느새 머리가 반백이 되었고, 처음에 예닐곱 살이었던 주인님의 따님이 결혼하여 외손자를 봤다.

가족들만 흐르는 세월 따라 변한 것이 아니라 나도 아줌마의 갱년기 증상처럼 온 몸이 쑤시고 삐걱거리더니, 고장이 자꾸만 생겨서 주인님께 본의 아니게 근심을 끼치곤 한다.

집 안에 나보다 좀 쓸 만한 중고차가 한대 들어와서 주인님 딸이 내 새 주인이 되었다. 그녀는 내 등 뒤에 “왕 초보운전,

당황하면 후진해요"라는 표어를 달고 직장을 씩씩하게 다녔다.

현재 새 여주인은 결혼하여 육아 출산휴직 중이라 나도 덩달아 날마다 쉰다. 할일 많고 바쁘게 살던 한때는 휴식이 소원이더니 몇 달째 노는 것도 싫증이 슬슬 나는 심사를 모르겠다.

평온했던 우리 집에 너무나도 슬픈 일이 하나 생겼다. 주인님의 팔순노모가 새벽기도를 가시다가 뺑소니차에 사고를 당해 많이 다쳐서 우여곡절 끝에 요양원에 머물러 계신다.

천하에 양심도 없는 나쁜 자의 엄청난 실수로 우리 가족들이 불시에 큰 불행을 겪어서 자동차인 나로써 너무나도 면목이 없고 생각할수록 화도 나고 안타깝기만 하다.

주인아줌마는 나에게 오랜 세월동안에 우리 가족을 안전하게 지켜줘서 고맙다며 지금도 행여나 내 몸에 무슨 상처가 없는지 꼼꼼히 살핀다. 어제는 딸네 집에서 손자를 안고서 주차장에 서있는 나를 한참을 내려다보고 있었다.

요즘에는 옛 친구들이 성능 좋은 신차에 밀려서 거의 폐차되어 찾아보기 힘들다. 그래서 어르신이 친구들이 먼저 세상을 떠날 때에 가장 외롭다는 하소연이 남의 얘기가 아니었구나.

자동화시대에 여전히 반자동장치라고 남들이 나를 비웃으면 새 여주인 왈, "자동차는 애처럼 주인 말에 순종하고 제 본분대로 잘 굴러가면 됩니다."라고 나를 위로해 주었다.

어느 날, 새 여주인 부부가 내 곁으로 다가와서 나누는 대화를 무심코 듣다가 그만 눈시울이 뜨거워지고 말았다.

"여보, 당신이 곧 복직하면 얘가 너무 낡아서 정말 위험할 것 같아. 우리 아이를 태우고 어린이집에 왕래하려면 아무래도 새 차로 바꿔야겠어."라며 근심어린 눈빛으로 나를 응시하였다.

그러자 그녀는 남편에게 반색을 하면서 이렇게 대꾸하였다.

"얘가 방년 23세를 넘긴 나이지만 지금까지 총 주행거리도 짧고 우리 아빠의 무사고를 내조한 환상의 파트너였잖아요. 여전히 깨끗한 맵시에 성능도 그만하면 신차에 기죽지 않는걸요? 아직 더 탈 수 있어요."라고.

문득 내 안에 바람 빠진 타이어를 꽉 채우는 충만한 그 무엇이 가득 채워지는 것을 느꼈다. 우리 가족들과 따뜻한 인정을 나누며 살아온 지난날들이 주마등처럼 스쳐갔다.

아! 세상에 모든 것은 시작과 끝의 때가 있는 법인가 보다. 나의 달려갈 길을 끝내고 주인의 뜻을 기다리는 겸허한 순간처럼 아름다운 고행은 없는 것이런가.

(『수필문학추천작가회』 2012.)

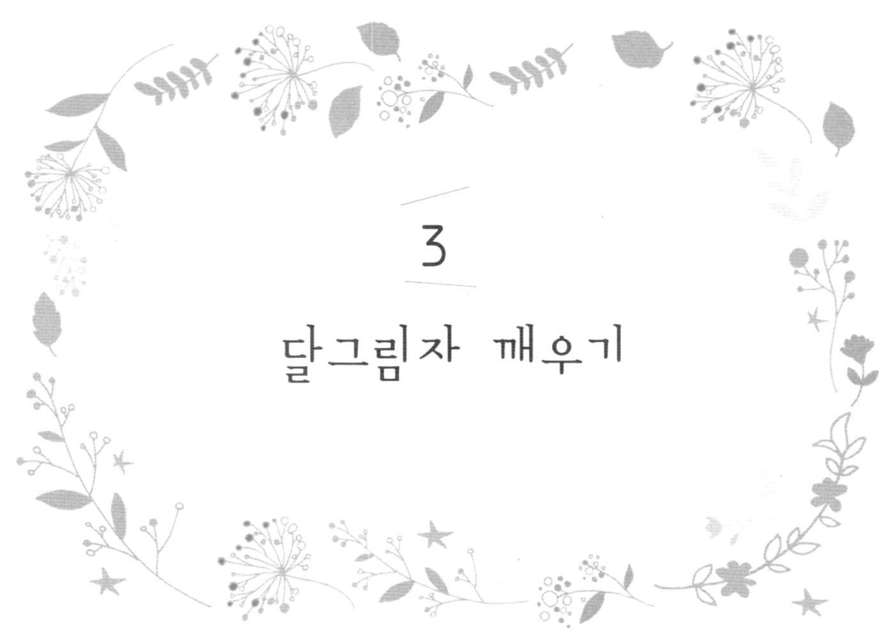

3

달그림자 깨우기

서열은 세상 모든 만물에게 적용되는 일정한 기준에 따라 순서대로 정렬하는 위치나 순위를 말한다. 즉 힘의 논리가 될 수 있고 존재에 대한 평가의 잣대가 되는 목숨 같은 자존심이다.

빈 둥지에 부는 바람

K시 여성백일장대회 심사위원으로 참석을 하였다. 응모자에게 주어진 제목과 전혀 다른 수필 한 편을 읽으면서 도대체 무슨 이유로 이런 엉뚱한 글을 써서 제출했는지 의아스러웠다.

이순 중반을 넘긴 여인의 사연인즉 외동딸을 결혼시키고 모녀가 겪는 심리적인 갈등문제이기 때문에 말 못할 냉가슴을 글로 하소연 하였다.

그녀의 딸과 사위는 모명문대를 나온 인텔리로 결혼하여 친정부모 주변에서 살았다. 여인은 자식이 행복하게 사는 걸 보고 인생의 의미를 생각하면서 나날이 행복을 느꼈다고 한다.

예로부터 자식사랑은 내리사랑이라고 했듯이 손녀가 태어나서 자라가는 모습이 세상에 어떤 꽃보다 아름다웠고, 자신의 후사를 바라보면서 나이 들어가는 것은 큰 기쁨이었다.

제 자식 키울 때와는 달리 손녀를 하루만 못 봐도 눈에 밟혔다. 아이가 이가 나오자 부드러운 음식을 오물거리며 잘 먹던 기억이 떠올라서 슈퍼마켓에서 딸기를 사서 딸네를 들렸다.

현관문을 똑똑 두드리자 딸이 안에서 퉁명스런 목소리로 "엄마는 연락도 없이 왜 우리 집에 시도 때도 없이 찾아오는 거야. 왜 왔어?"라고 문도 안 열어주고 정색을 하더라는 것이다.

저희들은 나한테 올 때에 물어보지도 않고 아무 때나 찾아왔다. 북새통을 떨다가 갈 때는 한보따리씩을 가져가면서도 당연한 듯이 하였지만 어미는 한 번도 싫은 기색하지 않았다.

딸네 집에 잠시 들렸더니 나한테 그럴 수가 있느냐는 것이다. 그녀는 자신도 남에게 피해를 주기 싫어하는 성격이라 딸네 집에 주책없이 시도 때도 없이 찾아간 것은 아니라고 하였다.

딸아이가 배울 만큼 배워 사회에서 인정받는 지식인이건만 엄마한테 그런 투로 말할 수가 있느냐. 아무리 부모자식이라도 각자가 지켜야할 예의가 있는 것인데 너무 속상하였다.

그녀의 친정어머니는 손자들이 보고 싶으면 언제든지 딸네를 수시로 다녀가셨다. 그럴 때마다 어머니께서 들려주시던 육

아법이나 살림살이 등 생활의 지혜를 경청했다.

그런데 요즘 신세대들은 윗사람의 지혜와 가르침을 고리타분한 구식으로 생각하는 경향이 많다. 누가 뭐래도 내 자식만은 그럴 줄 몰랐다며 맘이 너무 상하여 이런 글을 썼노라고 하였다.

우리 아이들이 핵가족시대에 부모의 과잉보호 속에서 자랐다. 자식을 귀하게 키우다보니 남을 배려할 줄 모르고 이기주의가 팽배한 무한경쟁의 영향이 크다고 볼 수 있겠다.

전 세계의 통신망이 연결되어 검색만 하면 지식 정보가 홍수처럼 흘러나오는 시대에 살고 있다. 신세대는 기성세대에게 물어보기 전에 먼저 인터넷의 정보검색을 찾는 것을 선호한다.

딸애가 산후조리원에서 퇴원하여 나한테 두어 달 남짓 머물렀는데 애가 아무리 울어도 젖을 물리지 않았다. 3시간 이후에 젖을 물리겠다며 인터넷에 적혀있다고 우겼다. 어린 것은 배가 고파서 간드러지게 우는데 그냥 바라볼 수밖에 없었다. 지금은 두 아이의 엄마인 딸애는 내가 왜 그랬는지 모르겠다고 웃는다.

옛 고대 그리스의 동굴 벽화 밑에 이상한 문자가 쓰여 있어서 학자들이 해독한 결과는 아주 흥미로웠다. '요즘 아이들은 버릇이 없다'라는 뜻이었다고 한다.

이러한 사실은 동서고금을 통해서 아무리 오랜 세월이 흘러도 기성세대와 신세대간의 세대차이와 편견은 서로의 관점에서 좁혀지기가 쉽지 않다고 볼 수가 있다.

냉가슴을 앓던 여인의 아픔이 속히 치유되길 기원하였다. 결코 남의 일 같지 않은 심정으로 백일장심사를 마치고 집으로 돌아오는데 큰 나목 위에 새의 빈 둥지가 눈에 들어왔다.

숲이 울창했을 적에 어미 새가 새벽부터 어둠이 오기 전까지 쉴 새가 없었다. 비바람 속에서도 새끼들을 키우느라고 소란했었는데 이젠 그곳에는 찬바람소리만 들려오고 있었다.

자식을 향한 부모의 사랑을 어느 누가 측량할 수 있으랴. 자식들이 부모 마음을 몰라준들 어찌하겠는가. 머지않은 훗날에 저희들도 부모 되면 그 심정을 알게 될 것을….

(『광명문인협회 시낭송회』 2016. 7.)

달그림자 깨우기

아들이 방학을 맞이하여 제 힘으로 학비를 마련해보겠다고 무더위 속에서 몇 달을 아르바이트를 하였다.

부모의 생각으로는 기특한 심사였는데 최저임금 시급 5,210원의 현실은 녀석에게 그리 녹녹치 않은 모양이었다.

상품을 포장하는 회사인데 공간넓이에 따라 일하는 인원배정이 3명 파트로 책정되었지만, 업무책임자는 이를 무시하고 아들에게 숨 쉴 틈을 주지 않고 일을 시키는 것이었다.

화장실도 마음대로 갈 수가 없고 5층 비상계단

은 쌓아 놓은 물품으로 막혀서 화재가 난다면 위급한 상황이었다. 아들은 책임자에게 열악한 노동조건에 대하여 항의를 하고서 더 이상 참을 수 없어서 회사를 그만 뒀다며 퇴근을 하자마자 어미를 붙잡고 하소연하는 것이었다.

"그래. 아들아 세상은 이토록 각박하고 산다는 것이 맘먹은 것처럼 쉬운 일이 아니란다. 그동안 고생했구나. 넌 혼자라 쉽게 그만둘 수 있지만 아빠는 아무리 힘들어도 우리가족을 위하여 참고 견딜 수밖에 없으셨단다."

아들에게 혼잣말처럼 중얼거리던 나의 뇌리에는 얼마 전에 우리 가정에 불어 닥쳤던 태풍이 떠올랐다. 남편은 공직생활을 30여년 넘도록 다녔던 직장에 사표를 던졌었다.

남편은 관운이 없는 탓인지 오랫동안 승진문제로 스트레스를 받더니 더 이상 자존심을 구길 수가 없다는 심경에 다다른 것일까. 이젠 모든 욕심을 내려놓고 싶다고 하였다.

아랫사람이 상급자가 되는 스트레스로 힘겹다며 토로하는 그의 눈빛은 병이 날 것만 같았다. 나중에 후회하지 않는다면 본인의 결정대로 하라고 했더니 사표를 내고 돌아왔다.

집에서 며칠을 쉬더니 내 눈치를 살피는 모습이 몹시 안쓰러웠다. 아내 앞에서 항상 당당했던 남편이 된서리 맞은 호박 넝쿨처럼 풀이 죽은 모습을 바라보는 내 심정은 쓰라렸다.

사람에게는 누구나 고비가 있는 법인데 참고 견디다보면 좋은 시절이 오련만 그에게는 참는데도 한도를 넘긴 것이다. 누구보다도 남편의 심정을 잘 알고 있기에 말릴 재간이 없었다.

그는 심성이 선량하고 불의한 일에는 남과 타협할 줄 모르는 성품이었다. 젊어서부터 공직생활을 그만 두고 자기 뜻을 펼치려고 여러 번 했었지만 가족을 위하여 실행하지 못했던 것이다.

남편이 짊어졌던 가장으로써 그 무거운 짐을 능력 있는 아내였다면 나누어 질 수 있었을 텐데. 평생을 남편만 바라보고 살아왔던 무능력하고 연약한 자신을 뒤돌아보게 되었다.

그가 모든 것을 내려놓은 모습을 보면서 내가 도울 수 있는 것이라고는 기도이외 아무 것도 없다는 사실이 안타까울 뿐이었다. 그의 불명예스러움을 생각하니 모든 것이 내 탓인 양 한없이 가슴이 미어졌다.

충분한 계획아래에서 일손을 놓는 것도 아니요. 좌절과 분노 속에서 직장을 당장 그만 둔다는 것은 먼 훗날 생각해보면 그리 현명한 결정은 아니지 싶었다.

이 위기를 조금만 참고 견디자고 더 이상을 강요할 수가 없었다. 그래서 생각 끝에 남편에게 평상시에 자상하게 사랑을 베풀던 퇴직하신 J국장님과 S과장님에게 자초지종을 상의하였다.

그분들은 남편을 설득하였고 나는 인사과를 찾아가 사직서를 철회하였다. 인사담당자가 무슨 책임이 있으랴만 불합리하고 공정치 못한 공직사회의 인사체계에 대하여 강력히 항의하였다.

국가공채 최상의 성적으로 입사한 자가 겪는 이러한 현실은 무엇을 의미하는가. 징계 한번 당한 적도 없었고 승진배수 안에 여러 차례 들어도 소용이 없는 이러한 인사체계는 과연 정상적이라 볼 수 있는가를 물었다.

실력보다는 내편 줄 세우기와 학연·지연의 암묵적 행태는 언제쯤 사라질 것인가. 공직사회 승진 문제에 대하여서도 보편타당한 기준에 맞도록 시정되어야할 가장 큰 문제점이라 생각한다.

한 가정을 책임지는 가장이란 거대한 태산과 같은 존재이다. 그러나 그 위치가 세상의 불합리와 부조리의 불도저에 밀려서 대책 없이 무너지는 일들이 현실에는 너무나도 비일비재하다.

서열은 세상 모든 만물에게 적용되는 일정한 기준에 따라 순서대로 정렬하는 위치나 순위를 말한다. 즉 힘의 논리가 될 수 있고 존재에 대한 평가의 잣대가 되는 목숨 같은 자존심이다.

(『수필문학추천작가회 사화집』 2014. 제24집)

필적은 마음의 창

필적(筆跡)이란 사전에는 '어떤 사람이 써 놓은 글씨의 특징이나 그 생김새를 말한다.'

독일의 필적학자 T 프레이어는 '필적은 뇌의 흔적'이라고 하였고 필적은 그 사람만의 고유한 개성을 가졌다고 볼 수 있다. 필적에 따라서 상대가 남녀. 나이. 취향. 지식 정도 등의 다양한 분석이나 수사에 쓰인다고 한다.

필적에 있어서 글씨의 특징 중에 구분 되는 것은 글씨의 크기, 형태, 곧음과 굽음, 각진 여부, 글자간격, 행 간격. 규칙성, 쓰는 속도, 정돈성 등이 있다.

필적에 대하여 재미있는 이야기가 전해진다. 글자의 가로배열이 수평을 유지하는 지가 중요하고, 수평을 유지하며 쓰는 사람은 절제력이 있고, 올바른 판단을 내리는 사람이라고 한다. 글자가 오른쪽으로 갈수록 위로 올라가면 낙관주의자 경우가 많고 긍정적이고 희망적인 사람이라 한다.

인간이 동물과 다르고 영장으로 세상을 지배하는 것은 언어를 사용하고 문자로 역사의 기록을 남길 수 있기에 위대하다. 손끝으로 남긴 각자의 개성적인 필적에서 그 사람의 숨결이 느껴지기 때문에 글씨는 '마음의 창'이라고 한다.

현대사회에서 컴퓨터 활용으로 펜을 사용할 기회가 점점 사라지고 있다. 서재에 수백 개의 각종 볼펜과 연필들이 제 구실을 못하고 뒹구는 것을 볼 때마다 맘이 안쓰럽다. 앞으로 기계가 장악한 세상에서 자신의 이름을 서명하는 이외에 친필로 글씨를 쓸 일이 과연 얼마나 될까.

예전 같으면 하얀 백지 위에 쓴 상대방의 편지 속에 개성이 깃든 친필에서 정성과 따뜻한 인정을 느꼈는데 이제는 기계에 의한 획일화된 활자를 만난다.

중국의 서학자 유공권은 말과 글씨에 대하여 얘기하였다.

'書者心畵, 言者心聲'이라

'글씨는 마음을 나타내는 그림이요, 말은 마음의 소리'로 말을 올바르게 사용할 때에 교양의 척도를 알 수가 있다.

필적(筆跡)에는 그 사람의 성품내지는 개성이 깃들어 있어서 개인을 말하는 수단과 판단의 기준이 될 수도 있다는 것이다.

나는 어릴 적부터 선생님께 글씨를 잘 쓴다고 칭찬을 자주 받았다. 교실 뒤편 학습정리 판에 미화작업을 할 때에도 나에게 맡겨주셔서 정성껏 정리하곤 했다.

문학소녀였던 학창시절에는 친구들이 연애편지를 써달라고 부탁하여 대필을 자주해주곤 하였다. 해군복무 중에 휴가를 나온 남편을 만나 위문편지를 보내다가 인연으로 맺어졌다.

현재는 펜을 사용하기보다 컴퓨터에 일상생활의 모든 계획들을 기록하고, 서신도 친필이 아닌 이메일로 주고받아서 편리하지만 왠지 마음이 허전하다.

우리 오빠 셋은 모두가 필적이 매우 뛰어났다. 큰오빠는 나와 나이차이가 많아서 위문편지를 못 보냈으나 두 오빠에게는 편지를 열심히 쓰면서 오빠들의 멋진 필체를 닮고 싶었다.

내 필적은 글씨체가 정갈하면서 힘차고 곧은 느낌을 준다고 하는데 오빠들의 영향을 받은 거 같다. 한때는 내 필적에서 남성적인 기질이 느껴지는 것 같아서 작고 예쁘게 써보려고 노력을 해봤으나 헛수고였다.

내가 간직하고 있는 서신 중에서 세상 떠나신 부친의 친필을 펼칠 때마다 가슴이 뭉클하다. 내가 결혼하여 둘째아이를 해산했다는 소식에 부친의 애타는 마음을 담은 내용이었다.

남아있는 필적은 오랜 시간이 흘러가도 상대방의 온기가 남아있는 것처럼 따뜻함이 마음으로 전해오는 것 같다.

후세에 위대한 필적을 남긴 김정희 선생의 추사체는 생명력이 넘치는 힘찬 기운이 느껴진다. 그는 독특한 필법을 창안하여 예술적 경지를 개척하여 160년이 흘러간 시간 속에서도 그가 남긴 필적은 존재를 느끼게 한다.

글씨는 몸과 마음을 다스리면 달라질 수가 있다고 하였다. 날이 갈수록 컴퓨터가 지배할지라도 자신만의 개성적인 필적을 후세에 남긴다면 열심히 노력해볼만한 일이다. (2016. 3.)

광명동굴의 들꽃향기

광명에는 세계적인 명소인 광명동굴이 있다.

광명동굴은 불과 8년 전까지는 아무런 쓸모없어 버려진 폐광이었다. 일제강점기에 일본이 금, 은 동, 아연 등의 자원수탈을 목적으로 개발하여 징용과 경제수탈의 역사적인 현장이다.

광명동굴은 한국의 근대 산업유산으로서의 가치와 문화 창조적 가치가 결합된 세계 최고의 동굴테마파크라는 평가를 받으며, 한해에 200만 명의 관광객이 찾는 세계적인 명소이다.

동굴내부는 상부레벨에서 지하 7레벨(해수면)까지 깊이 275m로 총 8레벨 7.8km의 지하갱도로

이어진다. 실내온도는 섭씨 12도 정도를 유지하고 현재 지하 2레벨(2km)까지 개발하였다.

광명동굴의 세계문화 유산의 가치는 근대 산업유산으로서 보전과 활용에 중요한 의미를 갖는다. 내부에는 광석을 선별하던 선광장터와 기계를 놓았던 흔적과 당시에 광부들의 고달팠던 체취가 고스란니 남겨져 있다.

폐광을 복합 문화예술 공간으로 재생시켜 기적을 일으킨 양기대 광명시장님과 광명시 공무원들의 피나는 노고와 개발로 세계적 관광명소로 거듭나서 광명시민으로써 매우 자랑스럽다.

광명동굴 초입에 코끼리열차 길은 동굴입구까지 약 3km 슬로우 도보로 약 30분 정도 소요된다. 길가에는 많은 야생화가 봄부터 각시붓꽃, 양지꽃, 동자꽃, 상록홍엽, 원추리, 범부채꽃, 마가레트꽃, 옥잠화, 금계국, 코스모스 등이 피어난다.

가을에는 벌개미취와 좀개미취 보랏빛 들국화가 만발하였다. 코끼리차가 다니는 숲 속에 도로는 어릴 적에 미루나무가 양쪽에 서있던 신작로처럼 자갈과 흙이 깔려져서 아주 아늑하다.

파울로 코엘료는 연금술사에서 어떤 일을 간절하게 소망하면 온 우주가 도와준다고 말했다. 나는 4년 전부터 우리 문인들의 시향을 야생화들에게 들려주겠노라고 계획하였다.

근래에 사업계획으로 폭염아래 신작로를 홀로 수없이 오르내렸다. 정초에 협회의 고질적인 혼란 속에서도 인내했던 것은 야생화들과 했던 약속 때문이었다.

내가 흘린 눈물과 기도는 앞으로 협회의 위상과 회원들의 자긍을 고취시키고 화평의 밑거름이 되었으면 한다. 각자가 문인으로써 먼저 자신을 바로 세우고, 좋은 작품을 창작하여 수많은 독자들과 소통하며 문학을 꽃 피우길 기원한다.

올해 3월에 나는 (사)한국문인협회 광명지부 광명문인협회 제15대 지부장이 되었다. 내 취임식에 양기대 광명시장님과 국회의원님, 시의원님들과 수많은 내외빈들께서 참석해주셨다.

나는 취임사에서 광명동굴의 관광문화와 문학예술의 접목으로 동굴주변에 시화게시대 설치를 광명시에서 조성해주길 간곡히 제안했다. 이에 시장님께서 좋은 아이디어라며 적극 추진해보겠다고 흔쾌히 답사를 하셨다.

그로부터 반년 후, 광명동굴초입 야생화 쉼터 길에 7개 조형물에 시화 24편이 완성되기까지는 시장님과 시관계기관의 문화예술에 대한 뜨거운 관심과 배려 속에 이루어졌다.

나는 협회장으로써 관계기관 세 부서의 책임자들과 7차례 이상의 미팅을 하였다. 시설물제작에 따른 최상의 협의를 거쳐서 광명동굴 야생화 길에 시화게시대 설치를 완성시켰다.

시화설치는 각 쉼터에 따라서 현대시, 자유시, 서정시, 꽃,

고향, 동시, 향수를 소재로 한 시향이 야생화들과 수많은 이들에게 따뜻한 감동을 전해줄 것을 생각하면 가슴이 설렌다.

설치된 시화조형물보수와 시화작품 교체비 등의 모든 비용을 광명시 관계기관에서 해마다 예산을 세워서 충당해준다는 사실이 우리 문인들에게 너무나도 과분할 따름이다.

광명문인협회를 향한 내 열정은 3년 전에 광명경륜장에 시화게시대 15대 설치를 완성시켰다. 광명경륜사업소에서 내 제안을 받아드려 시 관계기관과 협의 하에 설치해줘서 명소 중에 하나가 되었다.

이어서 올봄 5월부터 도덕산 캠핑장에 회원들의 시화게시대 40대가 세워졌다. 지역시민들에게 힐링의 명소로 소문이 자자하기까지는 내가 3년 전부터 그곳에 왕래하며 수고한 결실이었다.

광명에 '광명누리길'의 산행코스가 있다. 도덕산(183m), 구름산(237m), 가학산(220m), 서독산(222m)을 거쳐서 광명동굴 야생화 길을 찾는 일은 내 일상에서 가장 큰 즐거움이다.

구름산과 도덕산은 향수에 젖어 병들었던 내 젊은 시절에 심신을 건강하게 이끌어줬다. 숲 속으로 이어진 오솔길과 산기슭마다 각양각색의 야생화들이 철따라 정겹게 피어난다.

구름산 서쪽기슭에는 이른 봄부터 털이 보송보송한 작고 여린 노루귀 꽃이 추위에도 아랑곳하지 않고 낙엽더미에서 피어난다. 미치광이풀이라고도 불리는 키 작은 하얀 별모양 개별꽃이 군락을 이뤄 자생하고 꽃을 피운다.

보랏빛 제비꽃이 자태를 뽐내고 별을 닮은 노란 양지꽃과 망초꽃이 바람에 살랑거린다. 물방울 닮은 작은 은방울꽃과 가슴 아린 전설이 담긴 할미꽃 등이 산기슭에서 피어난다.

세상에 이름 없는 꽃은 없다. 그의 이름을 불러줄 때에 그들은 내 곁으로 다가와 자신의 향기로 존재를 알려주었고, 나는 언제부턴가 그들에게 가슴에 담아둔 사연들을 털어놓았다.

나는 수줍게 피어난 보랏빛 각시붓꽃에게 하늘빛을 닮은 달개비꽃은 평생 자식들을 위해 눈물 흘리시던 내 어머니를 닮아서 그 앞에 서면 나는 어린아이가 되는 사연을 들려주었다.

야생화 길에 시화게시대에는 모정, 망초꽃, 가시연꽃, 코스모스꽃, 민들레꽃, 꽃의 비밀, 은행나무, 향수, 허수아비 등의 사연들을 시인의 함축된 시어로 야생화들과 마음이 가난한 이들에게 들려주고 있다.

광명동굴 코끼리차도 야생화 길에 가면 들꽃들의 향기와 광명문인협회 문인들의 시향이 천상의 향기로 어우러져서 풍겨진다. 세계적인 광명동굴을 찾는 수많은 관광객들과 광명시민들에게 영원히 사랑받는 명소가 되기를 기원 한다.

(2017. 9. 15.)

세대교체론

휴대폰이 갑자기 고장이 나서 신형으로 바꾸게 되었다.

급속하게 변화하는 첨단기술을 습득하는 일은 매우 부담스러운 일이라 그리 달갑지만은 않다.

하지만 하루가 다르게 속도 빠른 과학문명을 혼자만 거부할 수도 없는 노릇이 아니겠는가.

새 기기를 사용 못한다고 누가 뭐라 할 사람은 없는데 왠지 시대감각이 뒤떨어지고 촌스러운 느낌이 든다.

기기모델이 단종(斷種) 되어 부속품이 없어서 고칠 수가 없다는 말에 어쩔 도리가 없이 새것을 사야했다.

신세대(新世代)란 사전에는 '과거로부터 내려오던 생각과 행동의 틀을 벗어나 새로운 가치관과 행동 양식을 지향하는 세대, 또는 새로운 세대'라고 말한다.

온고지신(溫故知新) 속에 깃든 정신과 시대적 변화를 올바르게 사고하여 행동하는 자가 진정한 신세대일진데 과연 그리 생각하는 이들이 얼마나 될까.

내 호주머니 속에서 주인에게 항상 사랑받아왔던 추억이 깃든 쓸모없는 작은 휴대폰을 손바닥 위에 놓고 들여다봤다.

오직 주인을 위해 일편단심 사명을 다하다가 이제는 임무를 교체할 순간이 돌아온 것이다.

'고맙다. 그동안 잠시도 쉴 새 없이 나와 내 지인들의 소식 왕래를 위해 너무나도 애썼다.'라고 마음으로 고마움을 전한다.

내게 오는 수많은 소식을 전해주던 오랜 벗의 불통된 모습은 마음 한구석이 싸하게 안쓰럽다. 문득 옛 벗의 하소연이 귓가에 들려오는 듯하다.

'처음에는 최신 기능으로 주인을 위해 맡겨진 임무를 다했건만 새롭게 업그레이드 된 신세대에게 모든 임무를 물려주고 서랍 속 퇴물신세가 될 줄이야.'라고.

그래. 맞는 말이야. 세상에 존재하는 모든 사물의 시작과 끝은 시기와 목적에 때가 있는 법이다. 어디 그것이 말 못하는 너에게만 해당되는 일이겠는가.

처음부터 낡은 고물이 어디 있으랴. 살아온 날들보다 살아갈 날들이 적은 내게도 네 독백을 할 때가 머잖아 오겠지. 세상은 빠르게 신선한 세대교체를 끝없이 원하는 것을.

(2012. 8.)

편견에 빠지다

편견(prejudice)은 사전에 '한쪽으로 치우친 공정하지 못한 생각이나 견해'라고 한다. 편견에 사로잡히면 매사 모든 사물을 바라보는 시야가 부정적으로 보는 나쁜 습관이 생겨나기 쉽다.

편견의 예를 든다면 지역감정, 인종, 집단적 편견에 대하여 갖는 비호의적 태도와 신념을 가리키는 것을 알 수 있다.

편견은 이성적이며 자주적인 사고 이전부터 주입되거나 갖게 된 개인에게 고착되어 있다. 아무리 올바른 정보가 주어져도 편견을 강화하는 정보만을 선택적으로 받아서 더욱 자기방어적인 논리로 굳히게 된다고 한다.

편견에서 벗어나려면 편견의 대상과 반대의견을 하는 자와 대화 하는 일이 중요하다. 편견을 가질 때 얼마만큼의 진실에 가깝고 보편타당성이 있는지도 필요하다고 본다.

이러한 편견에 대한 예를 살펴보면. 영국태생으로 집안형편이 가난하여 초등학교졸업에 그쳤지만 풍자와 기지의 신랄한 작품으로 노벨문학상을 수상한 『인간과 초인』의 세계적인 극작가 조지 버나드 쇼(George Bernard Shaw)의 이야기이다.

그는 영국사회에 미켈란젤로와 로댕 중에 한쪽만 무턱대고 좋아하는 사람들에 대한 편견을 고치기 위해 마음을 먹었다.

어느 날, 그는 파티를 열었는데 그곳에는 미켈란젤로의 작품만을 좋아하는 사람들을 골라서 초청하게 되었다.

만찬도중에 그는 손님들을 향하여 로댕의 멋진 작품을 소개하면서 조각품 하나를 탁자 위에 올려놓고 칭찬하며 구경시켰다. 갑자기 장내는 조용해지더니 이내 사람들은 여기저기서 웅성거리기 시작하였다.

"아니, 이 조각품은 구도가 왜 이 모양이야?"
"입체적인 감각과 부드러움이 형편없이 떨어지는구먼."

미켈란젤로가 최고인 편견에 사로잡혀있는 사람들에게서 한마디씩 차가운 비평이 쏟아졌다. 로댕의 조각은 구조도 엉망이며 조형미라고는 정말로 별로라며 온갖 비난이 최고조에 달했다.

그때 버나드 쇼는 군중을 향해 당황하면서 이렇게 외쳤다.

> "여러분, 제가 그만 실수로 다른 조각가 작품을 잘못 보여드렸습니다. 이것은 로댕의 작품이 아닌 미켈란젤로의 작품이었던 것입니다."

우리들은 살아가면서 편견으로 자신은 물론 타인과의 관계에 많은 걸림돌이 되고, 사물을 바라보는 눈을 멀게 하여 상대의 진실을 파악하지 못하게 되는 경우가 생겨난다.

편견과 비슷한 한쪽으로만 치우친 자식사랑의 사례가 있다. 성경에 나오는 아브라함의 아들인 이삭은 쌍둥이형제 에서와 야곱을 두었는데 큰아들인 에서를 더욱 사랑하였다.

야곱은 눈이 어두운 부친을 속여서 형 에서가 받아야할 장자의 축복을 가로챈다. 모친은 야곱을 사랑하여 부친을 속이도록 도와줘서 가족 간에 엄청난 불행을 불러오게 되었다.

부친과 형을 교묘하게 속였던 야곱은 사랑하는 아내를 얻기 위해 장인에게 속임을 당한다. 우여곡절 끝에 두 아내를 맞아

12자녀를 두지만 또다시 속임의 역사가 시작된다.

야곱이 사랑한 헬라의 아들 요셉을 너무 편애하여 아이는 형들의 시샘으로 이집트에 노예로 팔려 가는데, 자식들은 아이가 짐승에게 잡아 먹혔다고 속인다. 야곱은 남을 속임으로 시작하여 일생을 남에게 속임을 당하는 연속이었다.

한편으로 치우치는 사고는 상대에 대한 진실의 척도를 흐리게 하여 불행을 자초하기도 한다. 쉽지 않지만 이러한 함정에서 빠져나와서 좌우로 치우치지 말고 사물을 올바르게 직관하는 안목과 지혜가 필요하다. (『이음새문학』, 2017.)

남겨지는 것에 대하여

벽시계가 고장이 났다.

겉모양은 깨끗한데 부품이 품절이라는 말에 매우 난감하였다.

고향에 계시던 팔순 어머니께서 몇 개월 전에 뺑소니사고를 당하셨다. 당신의 고장 난 부분을 정상으로 온전하게 수리할 부품들을 찾을 수만 있다면 얼마나 좋을까.

교통사고 후유증으로 치매에 걸리신 어머니 곁에 출산한 딸아이 와서 아파트 한 공간에서 4대가 함께 지냈다. 내 몸은 하나인데 두 역할을 감당하기가 너무나도 힘겨웠다.

그러나 누구에게나 고난과 역경을 겪을지라도 긍정적인 사고로 어떻게 대응하면서 헤쳐 가느냐에 따라서 삶의 값진 은혜가 숨어있다고 생각하며 견뎌냈다.

병이 깊어진 어머니를 병원에 모셔놓고 떨어지지 않는 발걸음을 되돌리면서 예수님을 세 번이나 부인했던 베드로의 참회가 생각났다. 어쩌면 그럴 수가 있냐고 했던 나 역시 그와 다를 바가 없지 않는가.

당신은 갑작스럽게 겪는 힘든 상황 속에서도 나에게 모든 걸 의지하셨다. 그런 어머니의 모습을 대하면서 나 또한 현실에 처한 상황 속에서 최선을 다하려고 다짐하였다.

그러나 시간이 흐를수록 당신의 기억들은 깨진 항아리에서 물 빠져나가듯이 걷잡을 수가 없었다. 모든 기억을 잃어버리신 당신은 줄 끊어진 현악기를 보는 참담한 심정이다.

당신은 지금껏 내게 손수 예쁜 옷들을 지어서 입히시며 사랑으로 품어주셨다. 당신의 깊은 사랑을 미처 깨닫지 못한 회한의 세월들이 가슴을 먹먹하게 하였다.

당신의 가방 속에는 즐겨 낭송하던 애송시와 지인들의 연락처가 적힌 수첩, 집 열쇠, 통장, 새벽마다 눈물로 기도하시며 펼쳤을 낡은 성경책 등 당신의 온갖 삶의 단편들이 들어있다.

어머니께서는 당신의 사고가 본인의지와 상관없이 흐려지는 것을 감지하시고 자꾸 미안하다며 나를 걱정하셨다. 지금은 온갖 상념들을 모두 떨쳐버리고 평화로운 모습으로 계신다.

인간에게 정신이란 어떤 의미를 말하는가. 정신은 생명의 본질로 마음의 작용을 나타내는 말로 쓰인다. 이는 영혼, 마음, 사물을 느끼고 생각하며 판단하는 능력이나 마음의 자세나 태도, 사물의 근본적인 의의, 목적, 이념, 사상 등을 가리킨다.

인간이 가장 위대한 것은 이성적으로 사유하고 성찰할 줄 알기 때문이다. 그런데 사물에 대한 존재와 의미를 의식하지 못하는 소통의 부재는 슬픔 그 자체이건만, 당신께서 우리들 곁에 살아계시는 것만으로 감사할 뿐이다.

어머니의 사고를 통해서 주변에 많은 어르신들께서 각종 질병으로 투병생활을 하신다는 사실을 알았다. 그분들은 농경사회의 마지막 세대로써 한국사회와 자녀들을 위해서 온 몸으로 헌신하신 분들이 아니었던가.

산업사회로 급부상하여 도시화와 핵가족형태를 이루면서 가치관의 변화와 첨단과학의 의술발달로 인간수명이 100세를 바라보는 고령화시대를 맞이했다.

정부의 복지정책 중에 노인성 치매환자 상태에 따라서 등급별로 주는 혜택은 놀랍도록 많이 개선되었다. 하지만 노인고용정책과 요양보장체계의 구축에 미흡한 점들은 여전히 정부가 보강해야할 노인복지정책으로 시급하다.

우선 개선해야할 문제점은 의료시설 확충과 보호 및 간호문제로 고통 받는 환자가족들에게 삶의 질을 향상시켜 영위할 수 있도록 더욱 배려를 넓혀가야 할 것이다.

우리들은 앞으로 정부의 노인복지정책에 많은 관심을 가져야 한다. 아울러 각자의 행복한 노후를 위한 재테크와 건강체크 등의 좋은 계획들을 미리 세워두는 지혜가 꼭 필요하다고 본다.

봄은 돌아왔건만 망각의 강에 머물고 계신 우리 어머니는 언제쯤 회복하여 본연을 찾으실는지. 사람의 연수가 70이요, 강건하면 80이라도 신속히 날아가는 것이 인생이라 하였다.

인생은 끝없는 고해(苦海)를 유영하는 예정된 인연의 조각들을 찾아간다. 미리 정해진 운명 판에 맞추어서 완성시키는 퍼즐놀이를 연상하게 한다.

나는 과연 목적이 이끄는 삶을 살고 있으며 어떤 속도로 진행되는지 매우 궁금하지만 아무도 모른다. 다만 내 생명의 주인이신 그분만이 이 모든 비밀을 알고 계시리라.

인명은 재천이라. 우리에게 생로병사는 아무도 피하지 못하는 현재 진행형이다. 내게 주어진 소임에 최선을 다하는 삶을 살다가 마지막 부르심에 힘차게 응답할 수 있었으면 한다.

진정한 사랑이란 무엇인지를 아픔을 통해서 깨닫는다. 곁에서 방긋거리는 어린 손자를 보며 '나는 무엇을 남기고 떠날 것인가'라는 화두가 심도 깊게 다가온다. (『월간문학』. 2012. 5.)

본질을 찾아서

루벤스의 '시몬과 페로' 명화에는 수의를 입은 백발이 성성한 노인이 젊은 여인이 풀어 놓은 풍만한 젖을 물고 있다.

푸에르토리코국립미술관에 이 그림이 걸려 있다는 사실이다.

둘의 부자유스러운 애정행각에 먼저 불쾌한 감정이 앞선다.

국립미술관에 어떻게 이런 그림을 장식할 수 있단 말인가.

감옥에서 손을 뒤로 묶인 채로 딸 같은 여자와 놀아나는 노인의 부도덕성에 의아함을 떨쳐버릴 수가 없다.

푸른 수의를 입은 노인과 이성을 잃은 젊은 여성은 가장 부도덕한 인간의 한 유형으로 비쳐지고 있다.

화가는 도대체 어떤 의도로 이 불륜의 현장을 형상화하고 있는 것일까?

과연 이 그림은 3류 포르노인가?

노인은 푸에르토리코의 자유와 독립을 위해 싸운 투사였다.

당시 독재정권은 그를 체포해 감옥에 넣고 가장 잔인한 형벌인 사형 전까지 음식물 투입금지를 내렸다.

감옥에서 서서히 굶어 죽어가는 아버지 시몬을 찾은 딸인 페로는 해산한지 얼마 되지 않았다. 딸은 주저하지 않고 가슴을 풀어서 아버지의 입에 젖을 물렸다.

결국 독재자는 딸의 지극한 효성에 감동을 받아서 아버지를 감옥에서 풀어줬다고 전해진다.

푸에르토리코 인들은 이 명화를 자신들의 민족혼이 담긴 숭고한 작품으로 칭한다. 동서고문을 통하여 자녀들의 효성스런 얘기는 언제나 감동적이다.

사람들은 대개 본질을 제대로 파악하지 않고 편견에 빠져서 상대방을 무작정 비난하는 오류를 범하는 계기가 많다.

'시몬과 페로' 명화를 통하여 우리는 과연 편견에 대하여 얼마나 자유로운지 사유하였다. (『광명문인협회 시낭송회』 2015. 7.)

이소(離巢)

딸네 집 주변에 있는 숲 속에서 산새들의 지저귐이 유난스러웠다. 나뭇가지 위에 어미 새가 앉아서 겨우 날개 짓을 하는 가녀린 작은 새끼를 향해서 애가 탔다.

근래 내 심사를 바라보는 것 같아서 웃음이 나왔다. 이제 막 둥지를 떠난 세상물정 모르는 철부지 딸아이 때문에 어미 새의 자식을 향한 애타는 심정을 이해할 수 있었다.

몇 달 전에 딸네 아파트 현관문 옆에 계량기박스 속에 산새가 둥지를 튼 사실을 알았다. 높은 위치에 있어서 사람의 손이 들어가지 않는 매우 협소한 작은 공간이었다.

딸네 집에 외손자를 보러 그곳에 자주 갔는데 둥지 곁을 지나칠 때마다 새소리가 재잘거렸다. 이젠 어미 새가 새끼들에게 앞으로 살아갈 지혜를 가르치는가 싶었다.

딸애가 새둥지에 손을 넣자 새끼들이 제 어미인줄 알고 노란 부리를 활짝 벌린 모습이 사진에 찍혔다. 보금자리 속에는 어미 새의 부드러운 깃털과 마른풀이 푹신하게 깔려 있었다.

푸른 숲이 울창하건만 어미 새는 그곳에 왜 보금자리를 틀었을까 싶었다. 부모의 심정은 사람이나 짐승이나 다를 바가 없기에 그곳이 더 안전하다고 생각했을 것이다.

요즘 젊은이들은 인터넷정보에서 많은 생활지식을 쉽게 접할 수 있기에 다방면에 매우 지혜롭다. 그러나 부모는 마치 어린 새에게 삶의 지혜를 가르쳐주는 어미 새의 심정이다.

딸애는 대학을 졸업하고 공직자가 되어 직장 다니느라 아무것도 할 줄 몰랐다. 양가 어미들이 자식들의 입맛에 맞는 반찬을 해서 공급하건만 언제까지 할 수도 없는 노릇이다.

고기를 잡아주는 것보다 방법을 알려줘서 스스로 할 수 있도록 우선 요리를 하나씩 가르쳐줬더니, 딸아이는 눈썰미가 있어서 제법 흥미를 갖고 음식요리를 잘 만든다.

요즘은 요리를 해서 내게 가져와서 제 솜씨자랑을 은근히

하는 양이 기특하다. 어린 자식 키우느라 밤잠을 설치는 딸을 바라보면 어미의 숙명에 안쓰러움이 든다.

그럴 때마다 친정어머니의 지극한 사랑이 떠오른다. 어린 딸을 두고 세상을 일찍 떠날 것을 미리 예견하셨는지 생전에 항상 애처롭게 응시하던 당신의 눈빛을 잊을 수가 없다.

나에게 어머니의 부재는 인생을 살아오면서 당신의 존재가 너무도 절실했었다. 우리의 모녀관계는 내가 겪었던 외로움 대신에 서로를 이해하는 친구사이가 되었으면 한다.

딸아이를 곁에 두고서 다정한 친구처럼 함께 살아갈 수 있어서 감사하다. 딸이 신실한 믿음 위에 굳건한 가정을 세워나가도록 나의 기도는 멈추지 않을 것이다.

요즘에 손자의 영롱한 눈망울과 옹알대는 작은 입술을 바라보고 있으면 아늑한 블랙 홀 속으로 빠져든다. 세상에서 가장 평범한 행복을 가장 큰 축복으로 생각하며 감사드린다.

딸애가 우리 아파트 뒷동으로 얼마 전에 이사를 왔다. 우리집에서 내려다보면 불빛이 켜진 거실에서 손자 지후가 놀고 있는 사랑스런 모습이 환하게 보인다.

유리창 너머에서 어미 목소리를 알아챈 딸아이의 음성이 잡힐 듯 말듯 들려온다. 요즘 우리 부부의 눈길은 온통 아이들의 작은 둥지를 향하여 머물러있다. (『한국기독교수필문학』 2012.)

가치 있는 꿈에 도전하라

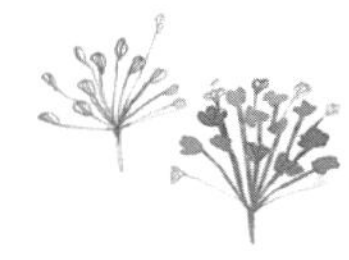

청소년 여러분!

온 천지에 꽃들이 활짝 피었네요.

여러분은 봄이 다가왔다는 것을 어떻게 느끼시나요? 봄의 왈츠에 따라서 몸이 저절로 리드미컬해진다고요?

그럼, 지난해에 세계를 온통 흥분의 도가니에 빠트린 '강남 스타일'이라는 말 춤을 신나게 함께 추어볼까요?

청소년 여러분들이 가장 희망하는 직업이 연예인으로 조사되었는데 누구를 선호하세요? 저는 싸이 가수의 항상 밝고 긍정적이며 겸손한 마인

드가 인상적이라 좋아합니다.

그의 독창적이며 엽기적인 말 춤은 형식과 비주얼지상외모주의를 표방하는 지구촌 메카니즘을 진정성과 유머와 위트로 한방에 무너트렸습니다. 싸이 방식의 누벨바그 물결이 온 세계를 덮었을 때에 너무나도 감동이었어요.

그는 그저 평범하고 전혀 튀지도 않게 생겼지만 개성 있게 노래하는 모습은 저절로 기분 좋아져요. 저도 그처럼 타인에게 행복과 즐거움을 주는 그런 매력적인 사람이 되고 싶습니다.

매력 있는 사람은 어떤 사람일까요. 저는 외모가 잘생긴 것보다 개성이 있는 사람이 더 멋있다고 생각합니다. 개성적인 의미는 오직 그 사람만의 독특함을 일컫는 말입니다.

사람들은 대개 상대의 외모에서 먼저 호감을 갖지만 시간이 흐르다보면 내면에서 풍겨 나오는 매력에 더욱 끌리는 것입니다. 눈으로 보이는 것은 일시적이지만 마음으로 느끼는 것이 진실에 가장 근접하기 때문에 비중이 더욱 큽니다.

어떻게 하면 다른 사람과 차별화 된 내면이 아름답고 매력적인 인격자가 될 수 있는지 함께 생각해봅시다. 먼저 여러분에게 겉치장보다 내면을 가꾸는 일에 투자를 아끼지 말라고 말씀드리고 싶습니다.

우리들은 좋아하는 대상을 만날 때에 행복을 느낍니다. 우선

동서양의 고전을 많이 접하여 옛 성인들은 어떠한 사상과 가치관을 갖고 살았는지 책 속에서 만날 수 있도록 해보세요.

좋은 책을 많이 읽고 양식을 쌓으면 여러분들이 생각하지 못했던 많은 것들을 깨닫게 이끌어주고, 그 속에서 옳고 그름의 정의와 가치관을 정립할 수 있도록 돕고 꿈을 키워줍니다.

제가 가장 당부하고 싶은 부탁은 윗사람들의 조언을 귀담아서 마음으로 새겨들으면 여러분의 인생에 보약이 될 것입니다. 그분들은 여러분들보다 세상을 오래 살면서 각 분야에서 많은 일들을 직접 경험하며 살아온 분들입니다.

윗분들에게 인생의 연륜 속에서 깨달은 삶의 지혜를 배우세요. 여러분의 고민들을 모두 경험하셨기에 청소년들을 올바른 길로 이끌어 줄 수 있는 중요한 멘토(Mentor)가 되십니다.

여러분들이 학교생활 중에 친구와 공부문제로 고민스럽고 혼자 해결하기 벅찬 일을 겪을 때에 조금도 망설이지 말고, 윗분들에게 상담하여 지혜로운 조언을 받으십시오.

좋은 친구들을 사귀어 곁에 두고 적성에 맞는 운동을 하십시오. 친구와 건강은 가장 큰 자산이 되며 꿈을 이룰 수 있고, 이밖에도 예술이나 예능적인 분야의 취미도 매우 좋습니다.

앞으로 여러분들이 꼭 하고 싶고 좋아하는 분야의 일을 찾아서 열심히 하시고, 매사에 긍정적인 마인드를 갖고 착하게 살아갈 수 있기를 바랍니다.

여러분들은 '착하다'라는 말의 의미가 무엇을 뜻한다고 생각하십니까? 그 의미는 '사람의 마음이 곱고 어질다'라는 말로써 내면에서 풍기는 인품을 뜻합니다.

착한 마음으로 삶의 바탕을 가꾸시면 행복하십니다. 마음이 온유하고 남을 배려하고 긍휼을 베풀 줄 아는 사람, 욕심을 버리고 자기 분수를 깨달아 족함을 아는 자가 아닐까요?

제 청소년기는 조실부모하여 고독한 시간들을 보냈지만, 부모님께서 "착한 마음으로 남에게 선을 베풀며 살아가라"고 하신 말씀을 가슴에 새기고 최선을 다하며 살아왔습니다.

청소년 여러분, 행여나 예상치 못했던 어려움이 닥칠지라도 좌절하지 마시고 용기를 갖고 이겨내십시오. 그리고 주변에 모든 이들에게 항상 사람이 해야 할 선한 도리를 잊지 마세요.

자신의 꿈을 향한 도전을 멈추지 마십시오. 저는 어릴 적에 품었던 꿈을 이루기 위하여 피나는 노력과 열정으로 한국문단에 수필가로 등단하여 활발하게 활동하고 있습니다. 꿈이란 꼭 이루고자 간절히 원하는 자의 것입니다.

청소년 여러분들은 시야를 넓혀서 세상을 보고 가슴에 꿈을 크게 품으시기 바랍니다. 인생은 여러분들이 노력한 만큼 매우 가치 있고 세상은 너무나도 아름답습니다.

그러나 제가 감동 깊게 감상했던 영화 “죽은 시인의 사회”에서 존 키핑선생님이 떠오릅니다. “여러분은 인생의 목적을 찾기 위한 공부를 하십시오.”라고 그분이 학생들에게 전하고자 했던 것들은 바로 이러한 메시지였습니다.

우리의 교육현실이 문제점이 많아 개혁이 필요한 것은 중요한 사실입니다. 그러나 여러분들이 목표로 삼은 무엇이 되는 것은 진정한 목표가 아니라고 생각합니다.

그것은 삶의 도구나 방법일 뿐이지 삶의 목적은 아니라는 점입니다. 이러한 것들을 얻기 위해 삶의 진정으로 중요한 가치를 잊어서는 절대로 안 되는 것입니다.

그러므로 장래에 내가 무엇이 될 것인가 보다는 ‘어떤 삶을 가치 있고 진실하게 살 것인가’를 먼저 깊이 있게 성찰한다면, 반드시 행복해진다고 말씀드리고 싶습니다. 감사합니다.

(「청소년을 위한 강연문」 2013. 4.)

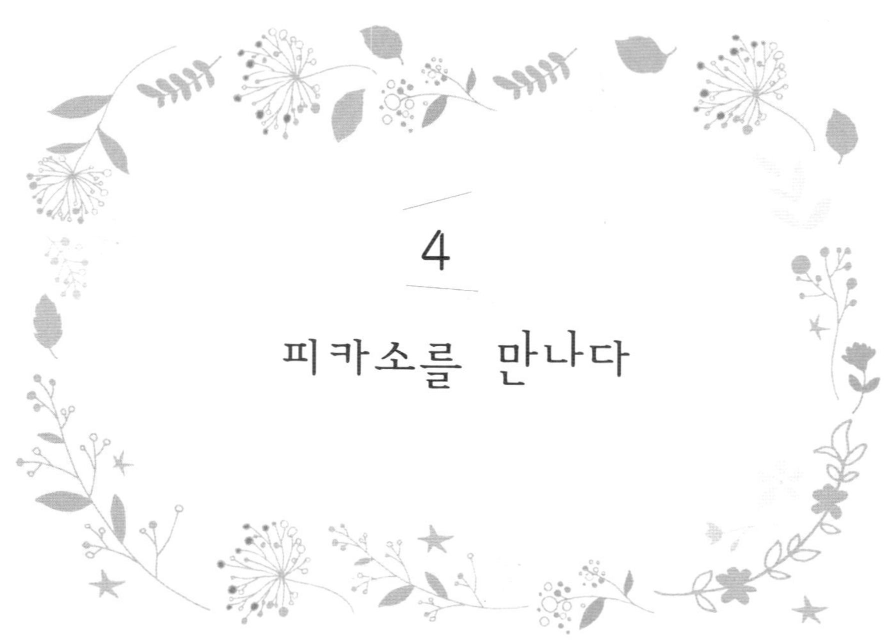

4

피카소를 만나다

진정한 예술가는 창조적인 시대를 앞서가는 선구자적인 정신으로 구태의연함에서 탈피하여야 한다. 피카소처럼 항상 깨어있어서 지혜의 안테나를 높이 세워야하는 것이었다.

도나우 강가에서

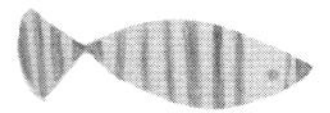

오스트리아 비엔나 서쪽에 위치한 도나우 강 연안에 있는 쇤브룬 궁전 앞에 섰다. 뭉게구름이 떠있는 하늘가에서 유럽의 한 세기를 풍미한 오스트리아 풍운의 역사를 떠올렸다.

쇤브룬 궁전은 오스트리아를 650년을 지배했던 합스부르크 가문의 여름별장이었다. 여제 마리아 테레지아가 프랑스 베르사유 궁전을 보고 쇤브룬 궁전을 개축하였다는 일화가 있다.

프랑스 베르사유 궁전은 황금색상의 바로크양식으로 장엄하고 너무 화려하여서 주눅이 들었다. 그러나 쇤브룬 궁전은 거대한 바로크양식의 엷은

엘로 색상으로 평안하게 다가왔다.

쇤브룬 궁전은 마리아 테레지아 시절에는 오스트리아의 황금시기였고, 프랑스에 점령당했을 때에는 나폴레옹 1세의 사령부로, 마지막 황제가 퇴위한 영욕을 함께한 곳이었다.

쇤브룬 궁전 정문 입구에는 두 개의 오벨리스크 위에 합스부르크가문을 상징하는 독수리가 반겼다. 넓은 궁전의 광장에는 당시에 끌던 화려한 마차가 말발굽 소리를 남기며 지나갔다.

궁전의 내부에는 로코코양식으로 꾸몄고 여제 마리아 테레지아의 거실과 그녀가 수집한 동양의 자기와 칠기공예품, 세밀하게 수놓은 자수품들과 각종 예술품들, 화려한 황금장식들, 크리스털 샹들리에, 거울의 방 등을 볼 수 있었다.

쇤브룬 궁전은 '아름다운 샘물'을 의미하고 당시에 마리아 테레지아의 왕족들이 여름휴가를 보낸 별장이었다. 1619년 마티아스 황제가 사냥도중 아름다운 샘을 발견한데서 유래하였다.

대궁전에는 1,441개의 방 중에 현재는 45개를 개방하여 여제 마리아 테레지아와 황제 프란츠 1세와 이외의 황족들이 당시에 살아가던 생활상을 엿볼 수 있었다.

마리아 테레지아 여제는 계몽주의 군주로 1740년부터 1780년까지 40년간 재위하였다. 여제는 18세기 유럽에 주변국들의 각축전에서 합스부르크(Habsburg Haus)왕가 통치자 중에서 가장 매력적이고 유능하면서 인간적이었다고 한다.

여제는 군주의 임무도 힘겨웠을 텐데 16명의 자녀들을 낳아서 주변 국가들을 견제하여 정략적인 결혼정책을 통해서 대립관계를 완화시켰다. 이로써 유럽 대부분을 합스부르크 제국의 영토로 폴란드 남부, 스페인, 이탈리아 북부, 유고슬라비아까지 확장할 수 있었다.

자녀 중에는 신성로마제국의 황제인 요제프 2세와 레오폴트 2세가 있었고, 딸들은 파르마왕비, 나폴리왕비, 프랑스혁명 때에 비운을 겪은 루이 16세 왕비였던 마리 앙투아네트가 막내딸로 그녀가 이곳 쇤브론 궁전에서 어린 시절을 보냈다.

프랑스 베르사유 궁전과 쇤브론 궁전은 마리 앙투아네트와 관련된 곳이라서 마음이 측은했다. 루이16세와 어린 나이에 정략결혼을 하지 않았으면 이곳에서 행복한 삶을 살았을 텐데.

마리아 테레지아 여제는 국가의 현대화를 위해 뛰어난 분별력을 갖고 사회개혁을 추진하였다. 먼저 교회가 속세에서 갖는 특례폐지, 잔인한 형벌과 고문금지, 농노제 폐지, 평등한 납세의무, 최초의 의무교육 실시 등으로 국가권력을 강화하였다.

쇤브론(Sch nbrunn Palace)궁전의 '거울의 방'은 거울이 서로 반사되어 끝없이 이어져 환상적이었다. 여섯 살 된 모차르트가 마리아 테레지아 앞에서 피아노를 연주했던 곳인데, 어린 신동의 솜씨에 여제가 감탄을 했다고 한다. 어린 모차르트는 당시에 또래였던 마리 앙투아네트에게 청혼을 했다는 일화가 있다.

당시에 합스부르크가는 유럽 왕실가문들 중에 가장 영향력 있는 위세임을 프란츠 요제프 1세 황제가 1848년 오스트리아황제 즉위식에 공식 칭호는 52개 작위를 가진 것을 알 수 있다.

합스부르크 가문에서 가장 오랫동안 68년을 통치한 프란츠 요제프 황제(1830~1916)는 쇤브룬에서 출생하여 여든여섯에 이곳에서 영면하였다.

그는 '시씨(SiSsi)'라는 애칭의 아내 엘리자베트 황후를 매우 사랑한 것으로 유명하다. 그녀는 당시에 유럽에서 가장 뛰어난 미인으로 큰 키와 긴 머리에 개미허리였으며 자유분방하여 온 국민들에게 예나 지금이나 변함없이 사랑받는 연인이다.

그러나 프란츠 요제프 황제는 외아들인 황태자 루돌프가 연인 마리 베체라와 동반자살과 시씨 황후의 제네바에서 암살로 큰 충격을 받는다. 이후에 조카 프란츠 페르디난트를 추정상속자로 책봉했지만, 사라예보에서 조카부부가 암살당하자 직접 세르비아를 침공하여 제1차 세계대전을 일으키고 1916년 파란만장한 비운의 생을 마감한다.

그의 사후 2년 뒤에 제1차 세계대전의 패배로 합스부르크 왕가의 마지막 카를황제 때에 오스트리아와 헝가리제국은 완전히 해체되었다. 한 때에 유럽의 중심에 있었던 오스트리아 합스부르크 왕가의 650년 찬란했던 역사도 막을 내린다.

합스부르크가 왕족들의 삶의 흔적들 속에서 잠시 머물렀다가 프랑스식의 질서, 조화, 기하학적 형상을 인위적으로 조성한 거대한 정원 안으로 걸어갔다. 개선문과 로마유적을 모방한 수많은 조각상들, 넵튠분수, 동물원, 종려나무 온실, 등의 화려함은 왕가의 품격과 당시에 위세를 실감나게 하였다.

언덕 아래에 '로마의 폐허'는 인공적인 작품으로 현재의 영광이 곧 폐허로 변할 것을 시사를 하면서, 오스트리아 특유의 삶과 죽음에 대한 이원성의 사유가 반영된 것이라 한다.

대정원에서 가장 아름다웠던 곳은 쇤브룬 궁전을 언덕에서 내려다보고 서있는 20m 높이의 글로리에테(Gloriette)였다. 프러시아전쟁의 승리를 기념한 영광의 문인데, 현존하는 개선문 중에서 가장 아름답다는 평이다.

글로리에테는 마리아 테레지아 여제가 1765년에 그리스의 신고전주의풍으로 세워서 위용을 과시하면서도 궁전과 50만 평의 대지를 남쪽에서 아늑하게 감싸는 듯 안정적이었다.

비엔나는 도나우 강이 흐르는 유서 깊은 도시로 베토벤, 모차르트, 슈베르트, 요한 슈트라우스, 브람스, 뮐러 등 세계적인 음악가들이 왕성하게 활동했던 예술의 도시이다. 발길 닿는

곳마다 아름다운 음악이 흐르고 거리에는 고풍스런 문화유적들과 마주칠 때마다 가슴이 설렜다.

18세기 유럽 전역의 중심에 서서 비엔나의 음악, 건축, 문화, 예술 등의 르네상스를 일으킨 마리아 테레지아 여제는 오스트리아 인들에게 위대한 여제로 영원히 기억될 것이다.

합스부르크 가문의 흥망성쇠를 뒤로하고 쇤브룬 궁전을 떠나왔다. 국립오페라하우스, 슈테반 대성당을 다녀서 케른트너거리를 거닐다가 저녁은 호이리게와 포도주로 식사를 하였다.

21세기 현대사회는 과학기술의 발달로 우리들에게 복합적인 문제점들도 많지만, 대한민국 민주사회에 일원으로 인간의 존엄성과 평등시대에서 살아간다는 사실에 감사하였다.

어둠이 박쥐처럼 스미는 도나우 강가에서 사랑하는 남편과 추었던 경쾌한 오스트리아의 비엔나식 왈츠의 감미로웠던 여운을 오래도록 잊을 수 없을 것 같다. (2017. 8. 10.)

문화민주화 꽃피우기

문화민주화는 공정한 문화향유의 기회를 확대하여 많은 국민들이 공유하게 한다. 이는 개인의 내면적 성장을 도와서 성숙한 시민사회의 조성을 마련하는 기틀이 된다. 문화(文化)란 사전에는 아래와 같이 명시되어 있다.

"자연 상태에서 벗어나 삶을 풍요롭고 편리하고 아름답게 만들어 가고자 사회 구성원에 의해 습득, 공유, 전달이 되는 행동 양식. 또는 생활양식의 과정 및 그 과정에서 이룩해 낸 물질적, 정신적 소산을 통틀어 이르는 말. 의식주 및 언어, 풍습, 도덕,

종교, 학문, 예술 및 각종 제도 따위를 모두 포함한다.”

‘문화민주화’의 유래는 19세기 영국의 윌리엄 모리스(William Morris)를 예로 둔다. 당시 산업혁명으로 드러난 경제적 불평등과 빈곤의 가속화와 노동의 윤리적 타락에 대응방식으로 문화운동이었다. 국가의 사회적문제와 문화예술 수준은 무관하지 않다는 유기론적 문화이론에 따른 결론이었다고 한다.

예술 민주화의 기본개념은 어느 특정인들의 소유와 향유되는 것을 거부하고 나아가 상업주의 극복을 통해 문화의 정직한 생산과 공평한 분배를 추구하고 있다. '모든 노동자가 예술가가 되는 세상'을 제시하며 스스로 주체가 되어 사용하는 문화를 모리스는 강조하였던 것이다.

광명시 청소년수련관 4층 대공연장에서 플뢰르 펠르랭 프랑스 전 문화부장관과 함께하는 ‘한불수교 130주년 기념 한국－프랑스 문화민주화 포럼’ 행사에 초대 받았다. 문화민주화란 의미를 심도 있게 알 수 있었던 소중한 시간이었다.

행사패널은 양기대 광명시장, 플뢰르 프랑스 전 문화부장관, 다니엘 올리비에 주한 프랑스 문화원장이었다. 대상은 유관기관 및 시설, 예술인 및 학교 관계자, 시민, 학생 등 200여 명이었다. 포럼을 마치고 광명동굴에서 ‘광명시 문화민주화 선언식'을 전국 최초로 개최하였다.

플뢰르 프랑스 전 문화부장관은 '문화민주화에 대하여' 본인의 장관재임 시절에 펼친 문화민주화의 사례 등 몇 가지를 얘기하였다. 그녀는 프랑스 입양아 출신으로 한국이름은 김종숙으로 30대 후반부터 프랑스장관을 세 차례(아이티장관, 관광장관, 문화통신장관)에 걸쳐서 하였다. 그녀의 성공비결은 혁신적인 성품과 뛰어난 업무 추진능력을 인정받았기 때문이었다.

플뢰르는 문화민주화란 심리적인 장애물로 보고 소외된 예술가들에게 많은 관심을 가졌다. 청소년 힙팝 가수들, 만화가, 길거리화가 등을 많이 초대하였으며 편향되지 않는 모든 음악과 예술이 문화라고 하였다.

프랑스의 문화민주화정책을 보면, 모든 국민들이 예술작품을 쉽게 접할 수 있도록, 정부에서는 예술가들에게 전폭적인 지원을 하였으며 세계 속에 프랑스인을 홍보하는데 중점을 두었다.

문화민주화의 큰 의미로 첫째, 모든 사람들이 예술작품을 쉽게 접근할 수 있어야 한다. 둘째, 연극, 오페라 기타 등을 공연할 수 있는 예술문화공간이 필요하다. 정부와 지자체에서 입장료를 청소년이나 관중에 대한 차별을 두고 낮추어야 많은 이들이 관람할 수 있다. 셋째, 모든 이들이 문화공간을 누릴 수 있도록 차별 없이 지원을 아끼지 말아야 한다.

특별히 사회적인 소외감을 갖는 어린이와 청소년에게 문화적 경험을 통하여 자신감과 자의식 속에서 미래희망적인 꿈을 갖도록 이끌어주는 것도 문화민주화라고 강조하였다.

플뢰르의 사례에는 사회적으로 소외된 아이들에게 악기를 하나씩 배우도록 했더니 열등감에서 벗어나 자아의식이 높아져 학교에서 성적향상이 되었다. 이밖에도 연극, 음악, 공연활동을 통하여 예전보다 더욱 자신감을 갖더라는 것이다.

예술교육이란 태생이나 조건 없이 평등해야 하며 엘리트 문화라는 클레식 오페라도 누구나 경험할 수 있어야 하며 차별을 둬서는 안 된다. 그녀는 장관시절에 에펠탑 앞에 오페라 가라오케를 해놨더니 시민들이 처음에는 어색해 하더니 점점 활용하며 자연스럽게 즐기더라고 얘기하였다.

플뢰르는 양기대 광명시장의 문화민주화 실천으로 펼치는 도서·벽지와 불우시설이나 섬마을의 문화소외 청소년들의 초청사업을 좋은 사례로 들었다.

초대받은 청소년들에게 폐광에서 창조한 광명동굴과 선사시대의 벽화인 프랑스 라스코벽화를 관람시켰다. 그들에게 다양한 교육·문화적 체험의 기회로 문화격차를 해소하고 미래에 꿈과 희망을 주려는 취지인 것이다.

양기대 광명시장은 6월 초에 프랑스 전국시장대회에 초대로 파리를 갔는데, 도르도뉴주의 상하원의원들과 시장 300여 명에게 광명동굴 성공사례에 대한 강의에 기립찬사를 받았고, 문화소외 청소년들의 초청사업에 깊은 관심을 받았다고 한다.

광명은 내가 35년을 살아온 제2의 고향이다. 광명동굴, KTX 광명역, 도덕산의 도덕정, 안터생태공원, 이원익종택과 관감당, 안양천, 구름산산림욕장, 광명전통시장 등의 광명8경이 있다.

서울과 안양천을 사이에 둔 광명은 교통편이 편리하고 시민들의 삶의 질을 높이는 복지시설과 문화적 편의가 잘 되어 있는 '관광·문화예술의 도시이다. 광명문화재단 출범소식과 '기형도 문학관'이 건축될 예정으로 문화예술계에 기대가 크다.

플뢰르는 재임시절에 세계 속에 프랑스인을 홍보하는 일을 중요시 하였다. 한국적인 전통문화는 조상의 혼이 깃든 소중한 유산으로 잘 보존하고 세계에 널리 알리는데 힘써야 한다.

전통문화유산 중에 도예는 우리 조상들의 지혜와 우수한 예술적 감각은 세계적이다. 이밖에도 전통음식, 한복, 판소리, 민요, 창극, 전통악기, 농악놀이, 전통놀이 등 한국적인 것에 대한 자긍심을 높이고 조상의 얼을 계승해야 하겠다.

정부나 각 지방자치기관에서는 시민들의 문화 활동에 문화예술교육 및 문화공간조성을 위하여 많은 지원이 필요하다. 문화의 가치에 대한 새로운 인식으로 시민의 문화향유 확대와 다양한 문화시책들을 적극적으로 세워야할 시점이다.

문화는 인간에게 행복을 주는 요소 중에서 가장 중요한 문제인 것이다. 정부와 각 기관에서 문화민주화의 실천을 활기차게 실행함으로써 지역과 신분의 격차 없이 국민 모두가 문화를 다양하게 체험하고 혜택을 고루 공유할 수 있어야겠다.

문화민주화는 개인의 삶을 더욱 윤택하게 가꾸는 바탕이 되어 성숙한 시민사회를 조성하는데 큰 밑거름이 될 것이다. 그리하여 각박해져가는 사회풍토가 서로를 배려하고 살맛나는 따뜻한 세상으로 변모해지길 간절히 기원한다.

(『광명예술』, 2017.)

아우슈비츠를 가다

"ARBEIT MACHT FREI (노동이 그대를 자유롭게 하리라.)"

아우슈비츠 제1수용소 입구 위에 독일어 문구에 발걸음이 멈춰졌다. 수용소에 들어온 순간부터 자유는 일할 때에 주어진다고 했건만 너무나도 기만적인 역설이다.

인류역사에서 가장 참혹했던 '홀로코스트'의 현장을 찾은 내 심정은 참담하였다. 히틀러와 추종세력 나치스에 의한 국가주도하에 계획적으로 자행되었던 세기의 광기에 소름이 돋았다.

체코 부르노에서 폴란드 오시비엥침(독일식 아우슈

비츠)까지는 버스로 약 4시간이 소요되었다. 아우슈비츠 제1수용소 입구에서 시작하여 75년 전 역사 속으로 들어갔다.

희생자들이 겪었을 참혹한 고통을 생각할수록 치밀어 오르는 분노와 아픔은 그곳에 머무는 내내 힘들었다. 8월 한낮에 내리쬐는 태양이 차라리 따뜻하게 느껴졌다.

아우슈비츠 강제수용소는 제2차 세계대전에 나치 독일이 인종청소라는 미명아래 유대인들을 학살하기 위해서 폴란드 오시비엥침에 세운 최대 규모이다. 당시에 처형된 사람들은 유대인·슬라브족·로마인·폴란드정치범·소련군포로·정신질환자·장애인·동성애자·집시·기타·나치즘에 반대하는 자들이었다.

1940년 히틀러가 유대인 말살에 광분하여 나치스친위대장 H.히믈러 명령으로 제1 수용소를 세워서 폴란드정치범들을 수용했다가 후에 대량살해시설로 확대되었다. 여기서 3Km에 있는 브레징카(독일식 비르케나우) 제2 수용소는 이곳에 10배로 패전직후 나치가 증거인멸로 파괴하여 철로와 일부 건물만 남아있었다.

폴란드에는 아우슈비츠이외에도 마이다네크 · 트레블링카 · 헤움노 · 소비보르 · 벨제크 집단학살수용소가 세워져서 수많은 사람들이 희생당하였다.

나치에 의해 희생된 유태인은 12년(1933년~1945년) 동안에 걸쳐서 약 600만 명인데 유럽 전체에 거주한 유대인의 80%에 해당된다. 아우슈비츠에서만 250만~ 400만 명이 희생되었고 비유대인들을 포함하면 수많은 인명피해를 추산하고 있다. 제1 수용소에서는 약 150만 명이 희생되었다고 전한다.

폴란드에 수용소가 많은 이유는 독일치하에서 지리적으로 동유럽의 중심에 있어서 철도를 연결하여 유럽에 거주하는 유대인들을 손쉽게 이동시킬 수가 있었기 때문이었다.

제1 수용소는 폴란드군의 병영이었는데 독일에 점령당한 후에 강제수용소가 되었고, 새 건물 외에 모두가 붉은 벽돌로 건축된 막사 28동이 줄지어 있었다. 이곳은 박물관과 전시관으로 사용되었으며 1979년에 유네스코 세계유산으로 지정되었다.

수용소의 전시실자료에서 유태인들이 영문도 모른 채 어린 자녀들의 손을 잡고 끌려와서 열차에서 내리는 순간을 포착한 사진들을 보았다. 아! 자신들이 잠시 후에 겪게 될 처참한 아비귀환의 생지옥을 어찌 상상이라도 하였겠는가.

전시실에는 주인에게 돌아가지 못한 수많은 가방들과 강탈당한 각종 물품들과 산더미 같은 고급 가죽신발들, 세면도구와 나무칫솔, 안경테, 구두 약통들, 희생자들의 머리카락으로 짠 모직옷감이 있었는데 당시에 군용담요와 군복을 만들었다고 한다. 어마어마하게 쌓여있는 희생자들의 엄청난 머리카락들이 당시의 참혹함을 말해주고 있었다.

어린아이들의 장난감과 유아물품들 중에 작고 예쁜 빨간 원피스를 보면서 눈시울을 적셨다. 유태계 독일과학자로 노벨화학상을 수상한 프리츠 하버가 만든 독가스(치클론B) 한 통에 400명을 대량 학살한 당시에 사용했다는 빈 통들을 전시하고 있었다.

샤워실로 위장하고 하루에 약 2,000명씩 살해했던 악명 높은 독가스실, 희생자들의 시신을 불태웠던 소각로와 높은 굴뚝은 바라만 봐도 소름이 끼쳤다.

희생자들의 분류는 노인과 여성, 어린이들은 수용소도착 즉시 독가스실로 보냈고, 일부는 남녀노소를 막론하고 생체실험실과 생매장 등 기타 다양한 방법으로 학살을 해서 수용소에 새로 들어온 수감자의 평균 생존 기간은 3개월이었다고 한다.

가스실 천장 위에는 독가스를 살포한 통로가 있었고 검게 그을린 벽에는 당시에 희생자들이 고통으로 몸부림친 흔적들이 고스라니 남아있었다.

문득 '쉰들러리스트' 영화 속에 한 장면처럼 실오라기 하나 걸치지 않은 희생자들의 고통스런 아우성이 귓가에 생생하게 들려오는 듯 오싹한 전율이 느껴졌다.

그곳에서 참혹하게 죽어갈 수밖에 없었던 가엾은 수많은 원혼들을 위해서 잠시 눈을 감았다. 지구촌에 앞으로는 이러한 참혹한 희생을 당하는 일이 절대로 반복되지 않아야 한다.

전시관 건물 입구에는 세계각지에서 모여든 많은 사람들이 차례를 기다리는데, 풀밭 위에 수십 명의 청년들이 서로 손을 잡고서 엄숙한 분위기 속에서 기도하고 있었다. 그들은 홀로코스트에서 살아남은 자들의 자손들이 아닐까 싶었다.

생지옥 속에서도 이타적인 희생을 자원한 사람들의 위대한 삶이 감동을 주었다. 그중에서 폴란드인 '막시밀리안 콜베'신부(당시 47세)는 가족이 있는 자가 수용소를 탈출하다가 붙잡혔는데 그를 대신하여 자신의 목숨을 내놓았다.

하나님의 사제가 처형되어 사라진지 75년이 흐른 지난해에 천주교 프란치스코 교황이 아우슈비츠를 찾아서 콜베신부의 숭고한 죽음과 수많은 희생자들을 위해 애도하였다.

교황은 지난 어둠의 역사에 대하여 하나님의 가호와 화해를 기원하며 "주여, 자비를 베푸소서! 이토록 많은 잔인함을 용서하소서!"라고 방명록에 남겼다고 한다.

너무나도 참혹했던 역사 앞에 감히 용서를 떠올릴 수 없지만 가해자와 피해자의 진정한 화해를 생각해보았다.

나치의 만행은 현재 독일 역사 교과서에 자세하게 기록하고 있으며, 자신들의 과오에 대하여 철저히 반성하고 진정성이 우러나오는 모습과 행동을 볼 수가 있다.

독일은 베를린에 그들의 심장부로 상징하는 브란덴부르크문과 포츠담광장사이에 '홀로코스트 메모리얼'을 조성하였다. 정식명칭은 '학살된 유럽의 모든 유대인을 위한 기념 공간(Memorial to the Murdered Jews of Europe)'이다.

기념관의 외부조형물은 회색 콘크리트 벽 수백 개가 도보할 간격을 두고 빽빽하게 세워져있는데, 바깥쪽은 벽의 높이가 낮지만 중앙으로 걸어갈수록 높아지고 지면은 낮아져서 어두운 중압감을 느끼도록 한다. 유대인들이 강제수용소에 끌려가서 가스실로 가는 동안에 느꼈을 두려움을 경험해보라는 의미에서 과거의 잘못에 대한 독일인의 참회의 태도가 잘 드러났다.

홀로코스트 기념관 초입에는 홀로코스트 생존자 유대인 출신의 이탈리아 '프리모 레비'작가의 어록을 인용한 아래와 같은 글귀가 적혀있다.

> "It happened, therefore it can happen again : this is core of what we have to say."(이건 일어났던 일이고, 그러므로 다시 일어날 수 있다 : 이것이 우리가 말해야 할 핵심이다.)

반면에 일본은 조선을 침략하여 36년을 식민지화하여 우리

민족의 얼과 문화를 말살시키려 황국신민과 내선일체의 기만적인 탄압정책을 폈다. 그들이 자행한 핍박은 잔인무도했다.

제2차 세계대전을 일으켜서 조선인들을 강제징병과 강제징용으로 수많은 목숨을 잃게 하였고, 어린 소녀들을 강제로 끌어다가 일본군의 성노리개로 삼는 만행을 저질렀다.

그러나 일본은 본인들이 자행했던 침략의 역사를 왜곡하고, 한국위안부를 상징하는 '평화의 소녀상' 앞에 진정한 사죄는커녕 양심도 외면한 현실 앞에 끓어오르는 울분을 감출 길이 없다.

우리들은 불행했던 과거의 악순환을 절대로 겪지 않도록 역사의식을 철저히 고취(鼓吹)하고, 후손들에게 교육적 문화수준의 가치관을 더욱 높여서 희망찬 미래를 창조해 나가야하겠다

아우슈비츠수용소 홀로코스트의 끔찍한 역사의 교훈을 직접 눈으로 보고 그곳을 나오면서 신채호선생의 '역사를 잊은 민족에게는 미래가 없다'라는 말이 뇌리를 스쳐갔다.

(2017. 8. 10.)

청산도 슬로우길

새로운 미지의 세계에 대한 가슴 설레는 열정이 일상에서 가끔은 필요하다. 주말에 남편의 고교친구모임 육산회에서 부부동반으로 청산도를 다녀왔다.

전남 청산도는 완도에서 남동쪽으로 약 19.7㎞ 지점에 있다. 주변에는 장도, 지초도, 항도 등의 부속섬과 대모도, 소모도, 여서도 등이 있다.

청산도는 다도해 해상국립공원에 속하는 자연경관이 매우 빼어난 관광명소이다. 그 지역에 공기 비타민 산소 음이온의 발생량이 전국에서 가장 풍부한 곳이라고 한다.

청산도에는 매봉산을 비롯하여 6개의 산에서 발원하여 흐르는 소하천 연안을 따라 좁은 평야가 발달하였다. 중앙부와 서부에는 넓은 평야가 있고 주민은 농업과 어업을 겸하나 농업에 더 많이 종사한다.

청산도의 오랜 역사를 말해주듯이 청동기시대의 고인돌(남방식 지석묘)이 있고, 초분이란 일종의 풀 무덤으로 섬 지역에서 행해지던 장례문화가 남아있었다.

그곳에서는 봄맞이로 '청산도 슬로우길 축제'가 열렸는데 느림을 통해서 우리 삶에 여유를 갖자는 의미라고 한다.

숲 속 오솔길에는 동백나무군락과 섬에서 자생하는 야생화들이 비단결 같은 봄볕에 반짝반짝 생기가 넘쳐났다. 자연이 주는 맑은 기운과 향기는 심신에 아늑한 평안을 주었다.

대선산(343m)에서 내려다본 청산은 운무에 가려져서 더욱 환상적이었다. 해안가 능선에는 인가들이 올망졸망 보이고, 들녘에는 유채꽃군락과 쪽빛바닷물이 어우러져 멋진 수채화가 펼쳐졌다.

고성산 성터는 청산도의 역사를 말해주듯이, 1866년 대원군 섭정시절에 당락리에 청산포진이 설치되었다가 진이 폐지된 것은 왜구의 잦은 침입 때문이라고 한다.

청명한 하늘빛과 바닷물의 색상이 모두 경계선이 없이 쪽빛으로 아름답게 푸르렀다. 산 아래에 전답들은 옛 조상들의 지혜가 엿보이는 일명 다랭이 논이라는 유연한 곡선의 구들장 논들로 매우 인상 깊었고, 청산에서 가장 높다는 매봉산(384m)이 저 멀리 한 눈에 들어왔다.

찬란한 봄의 스케치는 활짝 핀 유채꽃이 으뜸이었고 산벚꽃과 진달래꽃이 산등성이에 만발하였다. 동백꽃은 땅에 뚝뚝 떨어진지 오래되었고, 양지바른 곳에 피어난 작은 보랏빛 각시붓꽃이 건초 사이로 고개를 살며시 내밀었다.

보적산 8부 능선에 있는 범바위는 주변에 강한 자기장으로 인해 기기가 불통이 되는 한국판 버뮤다 삼각지로 불린다. 이곳을 중심으로 거문도에서 제주도를 항해하는 선박들은 가끔씩 나침판도 제 기능을 상실하고 길을 잃는다고 하였다.

범바위는 호랑이가 웅크린 형상으로 바람이 불면 숭숭 뚫린 바위구멍에서 범이 우는 소리처럼 바람소리를 낸다고 한다. 유래는 옛적에 호랑이가 권덕리 산고개에서 바위를 향해 '어흥' 하고 포효하니 바위의 울림이 제 소리보다 더 크게 울렸다. 호랑이는 무서운 짐승이 살고 있는 줄 알고 도망을 쳐서 이후부터 청산도에 호랑이가 없다고 전한다.

범바위를 내려와 말탄바위 아래에서 그윽한 꽃향기에 이끌려 달달한 유채꽃으로 허기를 채웠다. 어릴 적에 고향 뒷동산에서 진달래꽃, 찔레꽃 대궁을 따먹던 춘궁기의 추억이 떠올랐다.

길가에 찔레꽃이 쌉쌀한 향기를 풍기며 벌 나비를 유혹하였고 꽃말이 '기쁜 소식'인 봄까치꽃이 우리말로 개명했다며 미소 지었다. 이 꽃은 땅바닥에 낮게 핀 작은 보라색 꽃으로 학명이 일본어로 '큰개불알꽃'이라니 망측스러워 웃음이 저절로 나왔다.

청산도 11코스 슬로우길 중에서 명품산책로 5코스는 범바위길에서부터 장기미까지, 4코스는 해변 낭길로 해변방파제, 바람구멍, 따순기미, 권덕리 해변마을을 거쳐서 2코스 모래낭길, 1코스는 서편제길, 미향길을 향해서 출발하였다.

해안가 절벽에 서있는 노송들과 고사목들은 온갖 풍상을 겪은 흔적이 역력하다. 해안가에 거대한 기암석들은 파도가 밀려올 때마다 가슴에 품었다가 다시 바다로 보내기를 얼마나 수없이 반복했을까. 지금도 못 다한 언어들을 하얀 포말로 만들어 쪽빛바다로 연신 띄워 보내고 있었다.

해안절벽의 외길산책로 '따순기미'와 '바람구멍' 구간들은 위험했지만, 바다 위를 걷는 느낌의 이색적인 풍경은 가슴을 설레게 하는 절경이었다. 시간이 멈춘 듯 고요한 해안가에 작은 어선들은 한 폭의 그림처럼 평화로웠다.

마른 갈대숲이 바람에 흔들리는 낮은 돌담장 길을 지나 다양한 초록색상과 노란 파스텔톤 수채화가 끝없이 펼쳐진 언덕을 넘어갔다. 저 멀리에 '여인의 향기', '봄의 왈츠', '서편제' 영화촬영지가 보였다. 동화 속에 하얀 집의 정원에는 분홍 꽃잔디가 피어나고 벚꽃나무 아래로 꽃비가 하얗게 쏟아지고 있었다.

밭에는 풋마늘이 푸르게 자라고 유채꽃이 흐드러지게 만발한 부드러운 서편제 길을 따라갔다. 돌담아래 작은 스피커에서 나지막하게 들려오는 애절하면서 구성진 판소리를 들으며 동구정 길을 향해 지친 발걸음을 재촉하였다.

청산도에서 대선산, 고성산, 보적산, 범바위, 말탄바위를 비롯하여 해변산책로를 5시간 정도 소요되었고 약14km를 산행하였다. 봄 햇살아래에서 좋은 사람들과 도란도란 거닐며 나눈 대화들은 삶의 청량제와 같았다.

그 섬에는 자연과 하나 되어 어디서나 서두름이 없이 부드러운 곡선을 이루며 느림의 미학을 품고 있었다. 항상 바쁜 일상을 살아온 내 삶에서 잠시 쉼표를 찍고 자아를 찾는 의미있는 성찰의 넉넉한 시간이 되었다.

떠나는 배에서 멀어져가는 청산도를 바라보며 꿈에서 방금 깨어난 듯 아쉽기만 하였다. 저 멀리 유채꽃이 활짝 핀 서편제 길에서 '서편제' 영화 속에 주인공 동호의 북소리에 유봉과 송화가 '진도 아리랑'을 신명나게 부르면서 손짓하는 듯하였다.

문경 새재는 웬 고갠가/ 굽이야 굽이굽이 눈물이로구나.
청천 하늘엔 잔별도 많고/ 우리네 가슴속엔 수심도 많소.
만나니 반가우나 이별을 어이해/ 이별을 하라거든 왜 만났던가.
아리아리랑 쓰리쓰리랑 아라리가 났네/ 아리랑 음음음 아라리가 났네.

(『광명문인협회 시낭송회』 2016. 5.)

바래봉 꽃동산

지리산 바래봉(1,165m)을 향한 차창밖에는 이팝나무와 아카시아가 꽃을 활짝 피웠다. 육산회에서 주말에 다녀온 바래봉은 하늘아래에 천혜(天惠)의 아름다운 꽃동산이었다.

고속버스가 남원시 운봉에 전북학생교육원 주차장에서 하차하여 서동치, 부운치, 철쭉군락지, 팔랑치, 바래봉왕복, 운지암입구, 용산주차장 코스로 소요거리는 12.5km, 시간은 5시간 30분을 산행하였다.

바래봉은 승려들의 밥그릇 바리때를 엎어 놓은 형상으로 발악(鉢岳) 또는 바래봉이라 유래되었다.

바래봉은 지리산 줄기가 이어져 고리봉, 세걸산, 바래봉 등이 산세를 갖추고 있다. 둥그런 순한 능선에는 넓은 초지로 되어 있으며 철쭉이 군락을 이루고 팔랑치, 부운치, 세걸산, 고리봉, 정령치로 이어진다.

바래봉 철쭉군락지 형성과정으로 처음에는 숲이 울창하였으나 1971년에 정부에서 시범적으로 면양목장을 설치하여 운영하였다. 면적 약 2,000여 평에 호주에서 들여온 면양을 방목하자 철쭉만 남기고 잡목과 풀을 모두 먹어치워 자연적으로 철쭉만 남아 군락이 형성되었다고 전한다.

능선의 철쭉동산을 걷다보면 철쭉의 높이는 거의 사람의 키나 허리 정도로 자라서 터널을 만들고 능선에는 진홍빛으로 군락을 이루었다. 바래봉 철쭉은 둥그렇고 빽빽하게 군락을 이루어서 산 전체를 진홍빛으로 붉게 물들이고 있었다.

바래봉 능선을 바라보면서 정원사의 손길이 닿은 것처럼 자연경관이 아름다워 감탄사가 저절로 나왔다. 철쭉군락지에서 팔랑치로 이어지는 능선에 철쭉꽃이 가장 화려한 자태를 뽐내는 구간이었다. 바래봉 산자락에 위대한 자연이 만들어낸 천혜의 꽃동산에서 꽃의 향연이 펼쳐지고 있었다.

어느 누가 저토록 아름다운 꽃들을 가꾸고 수많은 신록의 색상들을 감히 흉내 낼 수가 있으랴. 창조주의 솜씨와 범사에

베푸시는 은혜에 감사가 저절로 나온다.

부운치를 향하는 오르막은 힘겨웠지만 야생화의 미소에 일행들은 여기저기서 감탄했다. 저 멀리 팔랑치로 가는 길목은 내 키만큼 높은 철쭉군락 속을 헤쳐 나갔다. 이제 막 꽃봉오리를 맺은 꽃들이 소녀처럼 수줍게 개화를 기다리고 연두색 잎사귀들이 봄 햇살에 에메랄드보석처럼 반짝였다.

팔랑치와 부운치 능선 사이에는 오솔길을 따라서 만개한 철쭉터널 속으로 난 꽃길을 걸어갔다. 철쭉꽃은 하얀색, 연분홍, 진분홍색이 군집을 이루어 피어나서 더욱 아름다웠다.

바래봉 초소삼거리를 지나자 낙엽송 숲이 펼쳐지고 길가에는 고사목이 오랜 풍상에 하얗게 퇴색된 채 서있었다. 주목은 살아서 천년 죽어서도 수천 년의 이곳에 역사를 지켜봤으리라.

바래봉 약수터에서 갈증을 위해 시원한 약수 한 바가지를 채워서 들이켰다. 물맛이 어찌나 좋은지 피곤이 한순간에 달아났다. 주변에는 주목과 구상나무 숲이 군락을 이루고 있었다.

구상나무는 잎 뒤에 나란히 있는 기공선 때문에 나무 전체가 은녹색으로 너무나도 아름다웠다. 전 세계에서 한국에만 서식하는 토종수목 구상나무에 대한 새로운 사실을 백과사전에서 아래와 같이 알게 되었다.

구상나무 학명은 Abies koreana이고 전 세계에서 한라산, 지리산, 덕유산, 가야산 등 남부 고산들의 해발 1,000m 이상에서 서식한다. 암수 한 그루로 꽃은 6월에 피는데 암꽃은 짙은 자줏빛을 띄고 열매의 색깔에 따라 푸른구상, 붉은구상, 검은구상나무 등 3품종으로 나뉜다.

구상나무는 소나무과에 속한 상록 교목. 침엽수이다. 높이는 20미터 정도로 둘레가 한 아름이 넘게 자라며 줄기도 곧바르고 뒤로 젖혀지는 것이 특징이다.

한라산에 살고 있는 구상나무를 새로운 종으로 발표한 사람은 영국의 식물학자 어니스트 헨리 윌슨이다. 프랑스인 타케와 포리는 1907년 5월부터 10월까지 6개월 동안 한라산에서 구상나무를 채집해 식물분류학자인 윌슨에게 보냈다. 포리는 분비나무라고 생각했지만 윌슨은 분비나무와 다른 종이라는 생각에 1917년 직접 제주를 찾았다. 그는 타케와 일본 식물학자 나카이 다케노신과 함께 한라산에 올라 구상나무를 채집하고 연구하여 1920년 구상나무라는 새로운 종을 발표했다.

구상나무는 한국에서는 잘 알려져 있지 않으나 유럽에서는 한국 전나무(Korean Fir)로 부르며 크리스마스트리로 많이 애용한다. 모양이 아름다워 관상수·공원수로, 목재는 재질이 훌륭하여 가구재 및 건축재 등으로 사용된다. … (이하 생략.)

구상나무 숲을 지나 확 트인 눈앞에 바래봉 정상이 보이고 주위에 노고단, 천왕봉, 촛대봉, 반야봉이 병풍처럼 우뚝 솟아서 위용을 자랑하며 손짓하였다.

정상에서 산등성이를 내려다보니 햇살아래에 꽃길 사이로 수많은 인파의 대열이 보였다. 사람들은 힘겹게 오르락내리락 거듭하며 개미떼처럼 줄을 이었다.

지금까지 내가 걸어온 인생항로를 바라보는 것 같았다. 살다보면 힘에 벅찬 오르막과 조심해야할 내리막이 있고 순탄한 평지도 만나듯이 사연 없는 인생이 어디 있으랴.

정상에서 심호흡을 가다듬고 하산할 내리막길은 차분한 몸가짐으로 방심하지 말아야 하리라. 사람의 일이란 원치 않아도 돌부리에 걸려 넘어질지도 모를 일이다.

이곳에 다시 올 수만 있다면 은빛 세상으로 변한 장엄한 바래봉에 우뚝 서있는 구상나무를 만나고 싶다. 하산 길에 나옹선사의 선시(禪詩) '청산은 나를 보고(青山兮要我)'를 묵상하였다.

青山兮要我以無語　청산은 나를 보고 말없이 살라하고
蒼空兮要我以無垢　창공은 나를 보고 티 없이 살라하네
聊無怒而無惜兮　성냄도 벗어놓고 탐욕도 벗어놓고
如水如風而終我　물같이 바람같이 살다가 가라하네

(2016. 5.)

비로봉 설경

거센 눈보라 속에서 오대산 비로봉(1,563.4m) 표지석 앞에 섰다. 오대산은 실오라기 하나 걸치지 않은 장엄하고 웅장한 겨울 산의 모습을 내게 드러냈다.

오대산(五臺山)은 강원도 평창, 강릉, 홍천군 일부에 걸쳐 있고 태백산맥의 중심에서 서쪽으로 뻗은 차령산맥과 교차점에 있다. 기암석과 풍경이 금강산과 비슷하여 소금강, 지형이 학의 날개를 펴는 형상이라고 청학산이라고도 불린다.

오대산은 비로봉(1,563.4m)을 주봉으로 이어진 호령봉(1,561m), 상왕봉(1,491m), 두로봉(1,421.9m), 동대산(1,433.5m) 등 다섯 봉우리가 병풍처럼 펼쳐졌다. 또한 신라 선덕여왕(645년) 때에 자장율사가 당나라로 유학시절에 중국 상서성 청량산(별칭 오대산)과 유사하여 명명했다.

재경 장계초총동창회 제164차 느티나무산악회 2월 정기산행이다. 코스는 오대산 상원사주차장에서 상원사 – 사자암 중대사 – 적멸보궁 – 비로봉을 다녀오는 왕복 7km 4시간 겨울산행이다.

오대산은 지난 가을에 월정사 500년 노거수 전나무 숲길에서부터 회사사거리를 거쳐 선재길로 상원사까지 산행을 다녀갔었다. 선재길은 걷기 편한 천년의 옛길로 계곡과 단풍이 아름답게 어우러져 다시 찾고 싶은 산책로였다.

상원사의 높은 돌계단을 오르기 전에 '번뇌가 사라지는 길'' 팻말을 보며 한참을 오르자 긴 현판에는 '천고(千古)의 지혜(智慧) 깨어있는 마음'이라고 새겨 있었다. 상원사 초입에는 세조가 목욕하느라고 옷을 벗어 걸었다는 관대걸이가 악수를 청했다. 마당에는 하얀 오층석탑이 반기었고 문수전 안에는 문수동자좌상과 문수보살상이 안치되어 있지만 불상은 없었다.

상원사는 세조와 관련하여 두 가지 전설이 전해오는데 첫째, 어린 조카 단종을 죽인 후에 죄책감에 시달렸을 무렵 꿈에 형수인 현덕왕후가 나타나서 세조에게 저주하며 침을 뱉은 곳에 피부병이 발진하였다. 세조가 악성 피부병으로 몹시도 고생하다가 상원사 계곡에서 몸을 씻다가 동자승으로 헌신한 문수보살을 만나 병이 깨끗이 낫게 되었다고 전한다.

세조는 환궁 후에 문수보살의 모습을 그림으로 남기려했지만 어떤 화공도 그리지 못했다. 어느 날, 한 노승이 찾아와 남긴 문수보살의 모습에 세조가 기뻐하며 이름을 묻자 '영산회상에서 왔노라'고 사라졌다. 이를 인연으로 왕실에서 1466년 세조의 수복(壽福)을 빌기 위해 이곳에 목조문수동자좌상(국보 제221호)을 조성하였다.

둘째, 세조가 피부병이 말끔히 낫게 되어 상원사를 다시 찾게 되어 법당으로 들어가려는데 고양이가 나타나서 옷자락을 붙잡고 자꾸만 들어가지 못하게 하였다. 이상하게 생각하여 법당 안을 살펴보게 하니 자객이 숨어있어서 큰 화를 면하게 되었다고 한다. 이에 세조는 목숨을 구해준 고양이에게 땅을 상으로 줘서 이를 묘전(猫田)이라 했으며 문수전 아래에 두 마리의 고양이 석상이 있었다.

상원사 동종(국보 제36호)은 신라 성덕왕 24년에 제작되어 우리나라에서 가장 오래되었으며 몸체가 빼어나고 그 소리가 아름답기로 유명하건만, 유리벽 속에 보호 중이라 종소리를 들을 수가 없어서 아쉬웠다.

상원사를 나와서 비로봉으로 발걸음을 재촉하는데 음지에는 얼은 상태로 눈이 살짝 덮여서 몹시도 미끄러웠다. 동문들이 정담을 나누며 재잘거리고 걷다가 여기저기서 “우당탕 쿵”, “까르르 깔깔” 웃음소리가 들려왔다.

상원사에서 산길로 1.5km에 중대사 사자암 위에 있는 적멸보궁은 석가모니의 정골사리를 모신 정암사, 통도사, 법흥사, 봉정암과 함께 5대 적멸보궁 중 하나이다.

오르막길 돌계단을 한참을 오르니 적멸보궁을 수호하는 5개 동서남북의 관암암(東)·수정암(西)·지장암(南)·미륵암(北)·사자암(中) 중에서 바로 사자암 중대사에 도착했다. 이곳은 오대산을 본떠서 5층으로 비스듬히 지어진 각층의 기와지붕과 건물단청의 어울림이 매우 독특하고 아름다웠다.

얼음이 살짝 얼어있는 산책로 계단은 몹시도 미끄러웠지만 동문들의 서로를 배려하는 인정 속에서 즐거웠다. 음지에는 발목이 빠질 만큼 눈이 많이 남아있지만 나목들은 따뜻한 햇살에 봄을 꿈꾸고 있는 것이 엿보였다.

선후배동문들은 어릴 적에 고향 산속에서 이맘때에 토끼몰이와 얼음지치기 등 다양한 추억을 회상하면서 정담을 나누었다. 타향에서 매달 정기산행으로 서로 간에 따뜻한 우애를 다진다.

우리들은 100주년을 맞는 모교운동장에 350년 수령의 느티나무의 품에서 함께 자랐다. 공유할 수 있는 고향의 추억이 있고 달려가면 반겨주는 고향산천은 에너지의 원천이 되고 있다.

적멸보궁에서 정상으로 오르는데 급격한 기온변화로 하늘은 무채색으로 변하고 거센 바람에 눈발이 마구 흩날렸다. 문득 지난해에 덕유산 향적봉(1,614m)의 설경이 떠올랐다.

덕유산은 고향에서도 보이는 곳이라 언젠가는 꼭 산행하고 싶었는데 하필이면 겨울 산을 택했다.

당시에 나는 어린손자를 돌보고 학교 다니랴 어머니의 돌봄과 봉사해오던 문협 내에 소란했던 분란들을 정리하느라 수년 간 심신이 지친 상태였다.

덕유산 향적봉을 내려간다면 체력을 보강하여 남은 여정을 의미 있게 살리라 결심을 했었다. 그러므로 고향동문들과 함께 한 지리산 비로봉 겨울산행은 내게는 더욱 특별했다.

겨울은 살아있는 모든 생명체들에게 가장 가혹한 시절이 아닐 수가 없다. 겨울 산에서 바라본 나목들은 가장 힘든 고난과 시련의 순간을 침묵 속에서 온몸으로 견뎌내고 있었다.

실오라기 하나 걸치지 않고 속살을 드러낸 나목들의 인고를 생각하면서, 한 달 전에 오랫동안 고난을 함께 헤쳐 온 지인의 배신에 일주일을 물마저 토하는 힘겨웠던 순간이 떠올랐다.

인생을 사노라면 원치 않아도 무고하게 겪어야 하는 일들이 눈앞에서 벌어지는 것이었다. 그러나 초목들이 시련을 견뎌낸 대가로 찬란한 봄을 맞이한다는 섭리를 새삼스럽게 깨달았다.

닥쳐온 고난의 시간들은 속절없이 흘러가고 눈을 뜰 수 없도록 눈보라 치는 비로봉에도 봄은 오고 있었다. 초목들은 깊은 땅속에서 치미는 봄기운을 벌써 감지하고 있었던 것이다.

(2017. 2.)

대청봉 산중문답(山中問答)

설악산 한계령휴게소 '백두대간 오색령' 석탑 앞에 섰다. 광명사계절산악회에서 이곳을 기점으로 대청봉(1,708m)을 오르고 하산은 오색분소까지 13km, 10시간이 소요되는 산행이다.

대청봉에 이르는 가파른 돌계단 바윗길 산행은 전국에서 가장 힘든 코스로 한계령 휴게소에서 대청봉정상까지는 8km이다.

설악산은 1970년 국립공원으로 1982년에 한국에서 최초로 유네스코 세계생물권 보존지역으로 지정되었으며 백과사전에는 아래와 같이 서술하고 있다.

설악산 대청봉(1,708m)은 남한에서 한라산(1,950m)·지리산(1,915m)에 이어 3번째로 높은 산이며, 제2의 금강산이라 불린다. 음력 8월 한가위에 덮이기 시작하는 눈이 하지에 이르러야 녹는다고 설악이라 했다. 신성하고 숭고한 산으로 설산(雪山)·설봉산(雪峯山)이라고도 한다.

수려하면서도 웅장한 산세, 울산바위를 비롯한 기암괴석, 계곡의 맑은 물과 수많은 폭포, 숲, 그리고 백담사를 비롯한 여러 사찰 등이 조화를 이루어 사철경관이 뛰어나다. 설악산은 내설악(內雪嶽)과 외설악(外雪嶽)으로 구분하고, 대청봉을 중심으로 설악산맥이자 태백산맥이기도 한 북쪽의 미시령(826m)과 남쪽의 점봉산을 잇는 주능선을 경계로 하여 동쪽을 외설악, 서쪽을 내설악이라 부른다. … (이하 생략)

설악산 대청봉은 태백산맥에서 가장 최고봉으로 내설악은 깊은 계곡이 많고 경치가 빼어나고, 외설악은 비선대에서 대청봉을 오르는 천불동 계곡을 끼고 기암절벽이 웅장하다.

대청봉 길은 경사면이 심한 돌계단의 연속으로 힘겨웠지만 유월의 신록은 너무나도 매혹적이었다. 숲 속에는 늦은 산철쭉과 함박꽃나무(산목련)가 순백의 꽃을 피우고 있었다.

개다래나무는 잎새 밑에 작은 꽃으로 벌 나비를 유인하느라 잎사귀가 하얗게 변신하였다. 개다래나무의 잎새와 열매는 고양이치료제인데, 액티니딘(Actinidine) 성분으로 보온, 강장, 거풍 등 면역체계 강화 및 홍삼과 비슷한 효능이 있다고 한다.

산행하는 도중에 다람쥐들이 사방에서 튀어나와 손을 내밀자 손바닥 위로 올라와 재롱을 피웠다. 한계령삼거리에서 내려다본 기암괴석으로 둘러친 설악산의 모습은 웅장하였다.

서북능선을 올라 너덜바윗길을 따라 끝청에 다다랐을 때에 갑자기 단비가 쏟아졌다. 오랜 가뭄에 초목들의 목마름을 적시기에 충분하였기에 온 몸이 비에 젖었지만 기분이 상쾌하였다.

높은 산봉우리마다 운무를 수건처럼 걸쳐 둘렀고 그윽하게 풍겨오는 라일락향기는 무릉도원에 머무르는 듯했다. 문득 자연에 묻혀 살아가던 이백(李白)의 「산중문답(山中問答)」이 떠올랐다.

問余何事棲碧山　어찌하여 푸른 산에 사느냐고 묻기에
笑而不答心自閑　웃으며 대답하지 않았지만 마음 절로 한가롭네
桃花流水杳然去　복사꽃 물 따라 아득히 흘러가니
別有天地非人間　별천지에 인간 세상이 아닐세.

중청대피소에서 대청봉정상이 가까웠다. 정상주변에서만 자생한다는 희귀종 눈잣나무가 있었다. 줄기가 곧추서지 못하고

옆으로 누워서 4m~5m를 자라는 키가 작은 눈잣나무 씨앗에 보호망을 씌워놓은 것이 눈에 띄었다.

눈잣나무 열매만 먹는 잣까마귀의 보호를 호소하는 팻말이 세워져있었다. 눈잣나무가 한때는 풍성했는데 지구온난화로 서식지 감소와 등산객들에게 훼손되어서 서둘러 대책을 강구하고 보호해야할 실정이었다.

정상 주변에는 호랑이 꼬리를 닮은 은백색의 범꼬리꽃이 군락을 이루어 지천에 피어서 자태를 자랑하였다. 범꼬리 뿌리는 '권삼'(拳蔘)이란 약재로 설사를 멎게 하거나 피를 멎게 한다.

대청봉 건너편에 신선대 화채능선은 운무 속에 갇혀서 산봉우리 끝만 보였다. 운무는 산들을 에워싸고 하얀 김이 피워 오르는 풍광은 가히 한 폭의 수묵화를 보는 듯하였다.

험한 바윗길과 능선을 수없이 넘어서 오직 정상을 향한 발걸음이 대청봉 표지석 앞에 섰다. 정상에서 가슴 뿌듯함은 잠시뿐 급경사 돌계단을 내려오며 다시 꼭 찾으리라 기약하였다.

하산 길에는 설악산에만 자생하는 분비나무·가문비나무, 둥글레잎새를 닮은 자주솜대꽃, 노랑꽃을 피운 화살곰취꽃과 만주송이풀, 긴 꽃대 끝에 솜털꽃을 피운 눈개승마가 눈에 띄었다.

수령을 가늠하기 어려운 거대한 고사목에서 그의 울창하고 푸르렀던 시절을 가늠할 수가 있었다. 넝쿨식물들이 그를 위로

하듯이 푸른 잎사귀로 앙상한 온 몸을 감싸고 있었다.

우리 고유의 희귀식물로 토종 야생장미인 붉은 인가목꽃(금강찔레꽃)이 군락을 이루어 피어나고, 꽃개회나무 꽃잎에서 진한 라일락향기를 풍겼다. 백당나무꽃이 흰나비처럼 피었고, 노랑 수술에 하얀 목단을 닮은 바람꽃, 바위틈새에 작은 금마타리꽃이 피어 서로 당개당개 붙어서 앙증맞았다.

하산 길은 점점 어두워지는데 빗줄기는 떨어지고 끝없이 이어지는 급경사의 돌계단은 너무나도 힘에 겨웠다. 조금만 방심해도 큰 부상으로 예상되는데 인내의 한계를 넘어서고 있었다.

보랏빛 어둠이 스며드는 숲 속에서 가슴에 묻어뒀던 지난 시련들이 파노라마처럼 눈앞을 스쳐 갔다. 문득 누군가 내 귓가에 '부질없는 번뇌에 사로잡히지 말고 벗어나라.'고 외쳤다.

산에 오르면 자신도 모르게 가장 낮아지는 겸손한 순간을 맞이한다. 대자연의 한없이 너그러운 섭리 앞에 내 존재는 티끌 같은 존재에 불과하다는 사실을 조금씩 깨달아가고 있었다.

(2017. 6. 24.)

『일리아스』를 읽고

『일리아스』는 호메로스의 『오딧세이아』와 함께 그리스문화의 시원이 되는 위대한 양대 서사시이다. 이는 기원전 6세기 이후부터 그리스의 교과서로 유포되어 그리스문화는 물론 그리스인들에게 커다란 자의식 형성에 영향을 많이 끼쳤다.

호메로스가 표현한 신들의 부도덕한 이유를 일부에서는 비판도 했지만, 『시학』에서 아리스토텔레스와 호라티우스는 작가로서 호메로스를 극찬하였다고 한다.

그리스문학에서 호메로스의 작품들을 왜 불멸의 사표로 추앙 하는지 『일리아스』 책을 읽으면서 이유를 알 수가 있었다.

호메로스의 글은 독특한 독창성에 있었으며 문맥에서 다양한 비유를 들어 특정한 부분에 대하여 자주 사용한 사실은 새로운 세계로 빠져들게 하였다. 예를 들면 헤파이스토스가 아킬레우스의 방패를 만드는 과정을 아래와 같이 서술하였다.

> 그는 먼저 크고 튼튼한 방패를 만들었는데/ 사방에 교묘한 장식을 새겨 넣고 가장자리에는 번쩍번쩍/ 빛나는 세 겹의 테를 두르고 은으로 된 멜빵을 달았다./ 방패 자체는 다섯 겹이었는데 그는 그 안에/ 훌륭한 솜씨로 여러 가지 교묘한 형상들을 만들었다.
>
> 거기에 그는 대지와 하늘과 바다와/ 지칠 줄 모르는 태양과 만월을 만들었다./ 그리고 하늘을 장식하고 있는 온갖 별들을,/플레이아스데스와 휘아데스와 오리온의 힘과/ 사람들이 짐수레라 부르는 큰곰을 만들었다./ 큰곰은 같은 자리를 돌며 오리온을 지켜보는데/이 별만이 오케아노스의 목욕에 참가하지 않는다. … (중략)
>
> – (일리아스18권 478행~489행)

제우스의 아내 헤라 여신의 절음발이 아들 헤파이스토스의 방패를 제작하는 순간에 인간들의 행복한 결혼식, 공정한 재판받는 모습, 긴박하고 숨 막히는 전시상황, 농부와 목자들의 생활, 포도농사 전원생활과 인간들의 삶의 모습들을 파노라마식으로 생생하게 표현하였다.

『일리아스』는 아킬레우스의 분노에서부터 전개되는데 기원전 1200년경에 일어난 트로이 전쟁은 신들의 세계에서부터 발단이 시작되었다.

여자편력이 아주 심했던 제우스는 바다의 여신 테티스를 사랑했지만 그녀가 자기보다 더 강한 아들을 낳을 거라는 예언으로 인간 펠레우스와 결혼을 시킨다.

올림포스의 모든 신들이 테티스의 결혼식에 초대되었지만 불화의 여신인 에리스는 초대받지 못하였다. 화가 난 에리스는 향연장에 '세상에서 가장 아름다운 이에게'라는 글자를 새긴 황금사과를 던져 놓자 헤라, 아프로디테, 아테네 등의 세 여신들이 서로 자기 것이라고 다툰다.

여신들은 인간들 중에 가장 미남으로 목동이었던 파리스(알렉산드로스)에게 심판을 부탁한다. 헤라는 황금사과를 자신에게 준다면 '아시아에 대한 통치권', 아테네는 '전쟁에서의 승리', 아프로디테는 가장 아름다운 미인을 아내로 주겠다고 약속한다.

선택권을 가진 파리스는 아프로디테에게 사과를 주고 그녀의 도움으로 스파르타 왕비 헬레나를 얻지만, 두 여신은 트로이아인과 파리스에 속한 모든 것들을 무작정 증오한다. 이로 인해 신들과의 사이에 시기와 질투의 반목이 생겨나기 시작하였다.

인간의 왕 아가멤논과 트로이아 파리스왕자에게 아내를 빼앗긴 메넬라오스는 주변에 그리스 동맹군을 형성하여 트로이아를 공격한다. 이때 테티스의 아들인 아킬레우스와 대적이 된 트로이아 왕자 헥토르의 군대는 오랫동안 승부가 나지 않는 치열한 싸움을 하게 되었다.

올림푸스의 신들은 세상에 내려와 죽음을 부르는 전쟁터에서 인간으로 변형하여 자신이 사랑하는 인간을 도와서 함께 싸움을 하기도 하며 게임을 즐겼다. 그뿐만 아니라 신들의 세계에서도 인간들처럼 사랑을 하고 질투하고 분노하였다.

신들은 제우스 곁에 모여 앉아 황금 마루에서 회의를/ 열고 있었다. 그들 사이를 돌아다니며 존경스런 헤베가/ 신주를 따라 주자, 그들은 황금 잔을 주거니 받거니 하며/ 트로이아인들의 도시를 내려다보고 있었다./ 이윽고 크로노스의 아들이 빈정대며/ 헤라를 성나게 할 양으로 이렇게 빗대어 말했다./

"메넬라오스는 아르고스의 헤라와 아랄코메나이의 아테네,/ 이렇게 두 여신을 후원자로 가졌으나/ 그들은 멀찍이 앉아 그저 구경이나 하며 즐기는데/ 웃음을 좋아하는 아프로디테는 늘 알렉산드로스(파리스)의/ 곁을 지키고 서서 죽음의 운명을 잘도 막

아주는구려./ 이번에도 죽는 줄 알았던 그를 구해주었소. 하지만 승리는/ 분명 아레스의 사랑을 받는 메넬라오스의 것이었소.

– (일리아스 제4권 1행~14행)

이와 같이 인간들의 운명은 신의 결정에 따라서 좌우되었건만, 아킬레우스는 "내 운명은 신들이 이루기를 원하시는 때에 언제든지 받아들이겠다."라고 외쳤다. 그는 자신이 얻게 되는 불멸의 명성의 대가로 예정되어 있는 운명을 두려워하지 않았다.

제우스를 비롯한 많은 신들은 자기가 좋아하는 인간에게 끝없는 자애로움으로 총애를 한다. 그러나 싫어하는 자는 무자비하게 운명을 따르게 유인하여 죽어가도록 하였다. 인간사를 관장하는 신들의 이러한 태도는 매우 이기적이고 편파적이었으며 공정하지 못하였다.

제우스의 아내 헤라는 트로이를 망하게 하는 계획들을 성공시키기 위하여 제우스를 유혹하는 부분은 매우 흥미로웠다. 아프로디테에게 마법의 가슴 띠를 빌려서 제우스를 잠시 사랑의 힘으로 꽁꽁 묶어놓는다. 다른 신들도 각자 자신이 사랑하고 아끼는 인간들을 전쟁의 위험에서 보호해주고 승리하게 하였다.

아킬레우스는 아가멤논 왕과의 불화로 싸움을 하지 않다가 절친한 친구인 파트로클로스가 전투에서 헥토르에게 죽음을 당하자 매우 슬퍼한다. 그리고 자신에게 모멸감을 줬던 아가멤논과 화해하고 다시 헥토르와의 싸움에서 승리한다.

소중한 친구를 잃은 아킬레우스의 분노는 수많은 영웅들을 무자비하게 희생시킨다. 그들을 죽이므로 자신의 가치를 입증시키고 명예를 높여서 이름을 남기는 것이 당시의 사람들에게 가장 높은 가치척도였던 것임을 알 수가 있었다.

아킬레우스는 파트로클로스의 장례를 치르기 전에 그를 애도하면서 추모경기 승리자에게 값진 물품들을 상급으로 주는 경기를 연다. 말이 끄는 전차경주, 달리기, 레슬링, 권투, 투창, 원반던지기, 활쏘기 등 다양한 운동경기들은 당시 그리스인들의 즐기는 취향이었다.

시대상으로 정복자들에 의한 침략전쟁과 가부장적인 삶의 사고방식 속에서 가문과 명예를 소중한 가치로 뒀던 당시에 사회상을 엿볼 수 있었다.

트로이아의 왕자였던 악토르의 죽음을 전해들은 가족들의 구구절절한 인간적인 애통함과 그의 부친인 프리아모스왕이 노구를 이끌고 혼자 적군의 진지로 찾아간다. 아들의 시신을 돌려달라고 아킬레우스에게 무릎을 굽혀서 애절하게 눈물로 호소하는 부분은 인지상정으로 가슴이 너무도 아팠다.

트로이전쟁은 수많은 인간들의 생사가 한순간에 갈려서 시체가 산더미처럼 쌓였건만, 그리스 동맹군 중에서 지혜가 가장 뛰어났던 오딧세이에 의해 트로이 목마로 마무리가 되었다.

아킬레우스와 파리스왕자는 신들이 이미 결정했던 것처럼 운명에 따라서 죽음을 맞게 되고, 전쟁의 발단계기가 된 주인공 헬레네는 전 남편 메넬라오스를 따라서 트로이를 떠난다.

호메로스의 대서사시 『일리아스』는 트로이아왕 프리아모스가 아킬레우스에게 아들 악토르의 시신을 찾아와서 성 안에서 아들의 장례를 성대하게 치루는 부분에서 끝을 맺는다.

자신의 운명은 신들이 이루기를 원할 때 언제든지 받아들이겠다는 용장 아킬레우스의 당당한 외침이 매우 인상적이어서 내 마음에 오래도록 여운으로 남았다.

『일리아스』를 통해서 고대 그리스 역사와 당시에 그리스인들의 생활상 및 세계적 우주관과 삶의 가치관을 접하게 되었고, 호메로스 작가의 매력에 흠뻑 빠져들게 되었다.

(2014. 9.)

달랑베르의 꿈

18세기에 프랑스 계몽주의 철학자 드니 디드로의 『달랑베르의 꿈』은 3부로 나뉘어 대화기법으로 쓴 철학서이다. 대담자는 디드로, 달랑베르, 보르되, 레스파나스스의 대화이다.

디드로는 철학을 문학적 대화형식으로 유물론적 학설과 이를 뒷받침하는 가설의 타당성을 입증하면서 상상력을 이끌었다. 그는 수많은 과학자, 수학자, 철학자, 의사들과 교류를 통한 사례와 자신의 경험 등을 토대로 독특하게 기술하였다.

1부는 디드로와 달랑베르의 대화는 유물론자의 대변과 이에 이의를 제기하는 문제들을 다루었다.

그는 정신적, 물질적 실체의 이원론을 대신하여 오직 유물론적으로 일원론을 제시한다.

물질이야말로 실체이며 보편적 감성을 갖는다는 전제아래 대화를 이끌고 생명탄생과 생명체들이 어떤 식으로 서로 연결되며 어떻게 감각작용과 사고 작용을 이루는지를 설명한다.

유물론적 우주기원은 존재하는 유일한 실체는 물질로 만들어졌으며 만물이 생성된 것은 물질의 일정한 법칙에 따르는 예측할 수 없는 우연이라는 학설이다.

물질은 무기물에서 유기물로 이행하며 잠재 에너지를 품고 있으면서 감성이 함께 존재한다. 이러한 감성은 모든 물질 속에 내포하고 있으므로 아주 작은 분자라고 해도 모든 물질은 생명을 내포할 수 있다고 한다.

그는 미 존재하는 배아를 부정하며 물질적인 요소들은 연속적 결과로 불활성 존재, 감각하는 존재, 생각하는 존재, 세차의 문제를 해결하는 존재, 숭고한 존재, 경이로운 존재, 늙어 쇠약해지고 죽어가는 존재, 용해되어 식물성 흙으로 돌아가는 존재라고 주장하였다.

디드로는 19세기에 현미경이 발명되기 이전으로 과학적 입증이 되지 않은 세포의 존재에 대한 가설을 꿈으로 설정하여 시대를 앞서갔다. 그의 상상력의 대담성은 매우 놀라웠지만 돌에 생명을 부여하는 변론은 과장이라고 본다.

디드로는 감각하는 존재 모두가 기억을 갖는 것은 아니지만 많은 존재들이 현악기의 울림과 비슷하게 감각이 주는 인상들을 연합해낼 수 있게 조직되었다. 우리들은 감성과 기억을 가진 악기라는 멋진 말에 공감이 갔다.

감각하는 생물체가 어떻게 의식에 다다르게 되는지 거미줄의 비유를 사용한 암시가 매우 흥미롭고 놀라웠다. 동물의 몸 전체에 퍼져있는 신경계를 거미줄에 비유하고, 뇌 또는 중추신경계를 거미에 비유하였다.

2부에서는 디드로와 대담을 나누던 달랑베르가 꿈속까지 이어진 대화내용을 달랑베르의 연인 레스파나스가 보르되 의사에게 보여준다. 그는 당시에 내분비학 분야의 개척자로 달랑베르가 열병에 들떠서 한 잠꼬대를 전해 듣고 해석을 한다. 달랑베르의 잠꼬대 중에 디드로에게 이런 말을 한다.

> "당신은 모든 종이 폴립으로 구성되어 있다고 인정하는 건가요? 만일 인간이 어디에선가 무한히 많은 극미 인간들로 분화된다면 그곳에서는 죽는다는 것에 혐오감을 덜 느끼게 될 것이고, 한 인간을 잃는다 해도 그 사라짐이 너무도 손쉽게 복원될 테니 그 인간의 사라짐에 거의 슬픔을 느끼지 않게 될 겁니다."

중추신경의 중심인 뇌에 대하여 기억이 있는 장소로 근원은 모든 종류의 감각작용을 할 수 있고, 그것들을 모두 기록해두는 장부이며 기억이나 지속적인 감각작용을 간직한다.

동물은 맨 처음 만들어질 때부터 자신의 근원에 따르게 되는 것이고, 그것에 온전히 집중하도록 그 속에서 존재하도록 되어 있다고 하였다.

문득 디드로와 달랑베르의 대담을 들으면서 우주공상영화 한 편을 보는 듯하였다. 현재 21세기 현대의학은 동물복제와 장기이식을 비롯하여 줄기세포까지 만들어내고 있지 않는가.

인간의 꿈은 과연 앞으로 어디까지 발전해갈 것인지 궁금하다. 디드로가 상상하던 일들이 불과 200여년이 흐른 오늘날 놀랍게도 꿈이 아닌 현실이 되었다.

보르되와 레스피나스의 대화에서 작은 점에서 시작된 분자의 형성 중에 그 점이 가는 실이 되고 실다발에서 나온 싹들이 독자적인 영양을 섭취한다. 그런 후에 각자 자기만의 형태를 갖추어서 각각 기관으로 변한다.

그러나 다발의 여러 싹들 가운데 한 곳이 잘린다면 형성되어야 하는 부분이 사라지는 기형적인 형태가 된다. 둘은 당시에 여러 형태의 기형적인 모습으로 살아가야 했던 사람들의 사례를 들며 나눈 대화가 매우 인상적이었다.

보르되는 인간의 감각중추인 영혼을 그물이란 말로 사용하였다. 영혼은 보고 듣지도 못하고 전혀 고통을 모르는데 영양을 섭취해서 생긴 산물로 봤다. 이는 무감각한 불활성 실체에서 생겨나서 모든 행동을 결정한다는 변론이 흥미로웠다.

제3부는 대담후기로 보르되 의사와 레스파나스의 성에 관련된 도덕적, 과학적인 문제들과 종들의 잡종교배실험에 대하여 어떻게 생각하는지 대화를 나누고 대단원의 막을 내린다.

책을 읽으면서 드니 디드로가 펼쳐놓은 꿈속으로 빠져드는 듯하였다. 그의 형이상학적이며 유물론적인 철학사상을 문학을 통하여 유연하게 전개한 사실이 독특하였다.

『달랑베르의 꿈』은 앞으로도 시대와 종교를 초월하여 수많은 사람들에게 끊임없는 상상력과 흥미를 유발시키는 유쾌한 논쟁이 계속될 것이라고 생각한다. (2013. 3.)

피카소를 만나다

- 피카소의 일생

피카소의 작품전시회가 아시아 최초로 열린 '서울 예술의 전당'에 도착하였다. 벽면에 크게 붙은 현수막에는 피카소의 카리스마 넘치는 형형한 눈빛이 따뜻하게 맞이하였다.

파블로 피카소는 현대미술의 아버지로 유화, 데생, 삽화, 무대디자인, 판화, 도자기, 벽화, 오브제, 조각 등 각 분야를 아우르는 천부적인 재능을 가진 입체파 화가이다.

피카소가 예술세계의 싹을 틔운 곳은 고향 스페인 항구도시 말라가였다. 그의 천부적인 예술성은 12세에 라파엘처럼 그림을 그렸다고 본인이 말했으며, 청년기에는 파리에서 활동하면서 청색시대로부터 출발하였다.

피카소의 첫사랑 올리비에를 만나면서 장밋빛 시대의 시작을 알린다. 그는 아프리카 예술에 영향을 받은 〈아비뇽의 처녀들〉을 완성하면서 입체주의 Cubism의 탄생을 예고하고 현대 미술의 시작점이 되었다.

조르주 브라크와 함께 입체주의를 발전시켰고 올리비에와 헤어지고 에바구엘을 만나 그녀가 죽자 올가 코클로바와 결혼하여 파울로가 태어난다. 피카소는 이 시기에 신고전주의적 그림을 그렸으며 조각을 시작하면서 살바도르 달리를 만난다.

마리테레즈와 사이에 딸 마야가 태어나고 올가와 헤어지면서 그림을 중단하고 시를 쓰며 초현실주의 그림을 그린다. 스페인내전이 시작되는 때 마드리드 프라도미술관장으로 임명되고 사진작가 도라 미르와 연인관계를 갖는다.

나치가 스페인마을 게르니카를 향해서 무차별폭격을 가하는 사건이 발생하면서 전쟁의 참상을 그린 〈게르니카〉를 그리기 시작했다. 모친의 사망소식에도 전쟁으로 인해 고국에 돌아가지 못한 아픔으로 프랑스로 망명하게 된다.

프랑수와즈를 사랑하면서 평화를 위한 활동을 시작하였고 세계평화회의 이미지로 비둘기를 그리면서부터 비둘기가 평화의 상징이 되었다. 프랑스와즈 사이에서 둘째아들 클로드와 딸 팔로마가 태어났으며 그는 도자기의 새로운 미술 분야에 눈을 돌린다.

피카소는 한국의 6·25참상을 〈한국에서의 학살〉을 제작하여 레닌평화상을 수상한다. 프랑수아즈와 헤어지는 과정에서 목판에 유화로 드로잉을 180개를 제작하고 자클린 로크와 결혼한다.

그는 벨라스케스의 〈궁녀들 Las Meninas〉에서 영감으로 시리즈작품을 58개를 완성한다. 1963년 바르셀로나에 피카소의 미술관이 개관되자 그의 사진작가 하이메 사바르테스의 사망을 추도하며 이곳에 시리즈연작을 기증한다.

피카소는 젊은 시절의 작품 2,000점 이상을 기증한 후부터 판화제작에 몰두하기 시작하였다. 피카소의 나이 92세 1973년 4월 8일 폐렴으로 노트르담 드 비에서 운명하고 보브나르그성에 영면하여 천재적인 위대한 예술가의 생을 마친다.

- 피카소의 예술성

'서울 예술의 전당'에서 열린 피카소의 전시작품들은 14개 섹션을 5part로 분류하였다. 전시회는 피카소재단 설립25주년 기념사업소의 특별전이었다.

제1part에는 피카소가 사랑한 여인들을 표현한 작품들로 제

1~3섹션은 프랑수아즈, 자클린 여인들이었다. 피카소 일생에 7명의 여인들이 그의 예술세계에 무한한 영감을 부어넣어 준 뮤즈 같은 존재들이었다.

〈안락의자에 앉은 프랑수와즈〉작품은 팔로마를 임신하고 있어서 여성의 생명력에 대한 찬가로 아름다움과 추함이 공존하는 인간의 이중성을 표현한 것이라고 한다.

〈자클린의 초상화〉는 다양한 머리모양과 블라우스의 문양과 스타일 패션이 달랐다. 피카소는 자클린의 헌신적인 사랑으로 일생에 가장 평안했다고 한다. 작품을 통해서 피카소가 사랑했던 여인들을 다양한 기법으로 표현하여 매우 흥미로웠다.

제2part에는 인간에 대한 탐구에서 제4섹션 영원한 여성성, 제5섹션 누드, 제6섹션 남성의 얼굴 등 인간의 다양한 표정과 심리를 드러낸 인물상, 신체의 곡선을 탐구한 여성성과 누드 드로잉 등 인간 사고의 깊이를 드러내는 남성얼굴들이 매우 단순한 선 드로잉에서부터 역동적이고 과격한 표현을 나타냈다.

〈인물구상 2〉는 초현실주의의 거칠고 격정적인 아름다움과 추함을 강렬하게 표현하여 섬뜩함마저 느껴졌다. 옆모습과 정면이 한 화면에 나타나는 다시점 기법으로 코는 모양과 위치, 방향이 우리의 상식을 벗어나서 매우 파격적이었다.

단순하게 변형된 인체는 딱딱한 느낌으로 머리는 삼각형이고 얼굴중심에는 대롱 같은 코를 중심으로 왼쪽과 오른쪽 편이 구분이 된다. 왼편 눈과 귀는 정면에서 보았을 때 모습으로 머리는 세로 곡선으로 둥글려져 있다. 오른 쪽에는 입과 귀가 옆을 향하고 있으며 머리는 가로 직선으로 표현되었다. 머리카락을 암시하는 삐죽삐죽한 선들은 가시 같이 날카롭다.

피카소는 이렇게 변형되고 왜곡된 형태들을 통해 의도적으로 '추함(ugliness, feism)'을 강조하여 사람들의 호기심을 끌어들여 매혹하는 양면성이 깃들어 있다고 한다.

제5섹션 누드에는 〈두 명의 누드 여인〉의 모델은 프랑수와즈와 도라 마르였다. 앉아있는 여성은 측면에서 정면으로 자세가 바뀌었는데 여성의 이상적이고 자연스런 모습이 기하학적이고 추상적인 형태로 이동하였다.

피카소는 당시의 거장들의 작품에 변형작품들을 탐구하여 그들의 그림을 자신의 주제로 취하여 자신만의 독특한 예술세계를 제시하였다. 즉 피카소는 변형작품을 통해 전통에서 벗어나는 새로운 관점에서 작품을 재창조한 것으로 평가한다.

제3part에는 자연에 대한 해학은 제7섹션 정물, 제8섹션 동물을 말한다. 피카소의 해학과 폭넓은 관심과 세심한 관찰력은 인간에서 동물과 정물 상으로 확대된다. 세잔의 영향을 받은 피카소의 정물화에서는 원근법을 벗어나 다시점으로 표현된

대상을 통해 시각의 영역이 인식으로 확장되었다.

부엉이를 소재로 〈황토색 의자 위의 부엉이〉는 동그란 눈을 뜨고 바로 바라보며 있었고, 의자 등받이, 사각형의 의자 위의 둥근 장식은 서로 호응하며 균형을 이루었다. 부엉이의 동그란 눈은 창문과 연결되고 부엉이 눈빛과 바깥세상의 빛은 아테나 여신의 지식과 지혜의 빛을 의미하고 그림자, 어둠, 죽음을 상징하였다. 피카소는 동물들을 통해서 자신을 형상화했으며 그는 일상생활의 익숙한 사건들을 작품으로 재해석하였다.

〈평화의 얼굴〉 비둘기는 부리에 올리브 가지를 물었고, 비둘기의 펼쳐진 날개 아래로 여성의 얼굴이 중첩되고 있었다. 의미는 프랑코 독재 치하의 스페인이 독수리의 날개 아래에 있는 것과 극명한 대조를 이루었다, 피카소는 비둘기의 상징과 도상학에 '평화'라는 새로운 의미를 부여했음을 알게 되었다.

제4part에는 당시에 대문호들과 긴밀한 친분관계와 작품삽화를 통해서 피카소의 다재다능한 면모와 필력을 직접 대할 수 있었다. 가장 인상적인 작품은 공고라의 시집으로 피카소가 17세기 당시의 가장 영향력 있었던 서정시인 공고라의 시를 직접 베끼고 여백을 다양한 그림으로 채웠다.

제5part에는 스페인 왕립사진작가 후안 히에네스는 피카소의 일상적인 삶과 그의 노년의 사진을 전시했다. 한편에는 피카소의 미망인 자크린의 우수에 젖은 사진은 너무나도 애잔하였다.

현대미술의 대부 피카소가 얼마나 위대한 예술가인가를 이번 전시회를 통해서 새롭게 깨달았다. 그의 예술은 항상 독창적이었으며 어느 누구도 범접할 수 없는 압도적인 이미지 창출로 파격적인 방식을 선택했다.

진정한 예술가는 시대를 앞서가는 선구자적인 정신으로 구태의연함에서 탈피하여야 한다. 피카소처럼 항상 깨어있어서 창조적인 지혜의 안테나를 높이 세워야하는 것이었다.

(2013. 10.)

구영례

_ 堂號 : 安水堂
_ 전라북도 장수군 장계출생
_ 장계초등학교·중학교 졸업
_ 전주여자고등학교 졸업
_ 한국방송통신대 국어국문학과 졸업
_ 월간 『수필문학』 추천완료 등단
_ 한국문인협회 인성교육개발위원회 위원
_ 국제PEN클럽 한국본부 이사
_ 한국문인협회광명지부 광명문인협회 회장
_ 한국수필문학가협회 이사
_ 수필문학추천작가회 이사
_ 한국기독교수필문학회 사무국장
_ 이음새문학회 회원
_ 수상 : 경기도문학상. 광명문학상. 광명시장상(예술부문)
광명문인협회공로상. 한국예총광명지회공로상
광명시 향토작가 선정(광명 중앙도서관 2016년)
_ 저서(수필) : 『꽃은 향기로 말한다』 『詩 읽어주는 남자』
『들꽃도 숲을 이룬다』 이외 공저 다수

수필문학사 수필선집 / 428
들꽃도 숲을 이룬다

2017년 11월 25일 초판 인쇄
2017년 11월 30일 초판 발행

지은이 / 구영례
발행인 / 강석호

발행처 / 도서출판 교음사
편집 / 隨筆文學社 出版部

110-775 ·서울 종로구 삼일대로 457 수운회관 1308호
Tel (02) 737-7081, 739-7879(Fax)
e-mail : gyoeum@daum.net

등록 / 제300-2007-52호

* 잘못된 책은 바꿔 드립니다. 값 13,000원

ISBN 978-89-7814-719-4 03810

이 도서의 국립중앙도서관 출판예정도서목록(CIP)은 서지정보유통지원시스템 홈페이지
(http://seoji.nl.go.kr)와 국가자료공동목록시스템(http://www.nl.go.kr/kolisnet)에서
이용하실 수 있습니다. (CIP제어번호 : CIP2017030742)

- 이 도서는 광명시의 행 · 재정지원을 받아 제작된 도서입니다.